OFICIO DE ESCRITOR

Juan Planas Bennásar

la lucerna
ENSAYOS

©del texto: Juan Planas Bennásar
©de la presente edición:
Ediciones La Lucerna
C/. Pare Bartomeu Pou, 18 2º
07003 Palma (Baleares)
http://www.lalucerna.net
info@lalucerna.net
Diseño de portada: Marco Spinazzola
Realización: Ediciones La Lucerna

ISBN: 978-84-124036-6-4
Depósito Legal: PM 00594-2025

Palma de Mallorca, septiembre 2025

A mi familia

Nah ist
Und schwer zu fassen der Gott.
Wo aber Gefahr ist, wächst
Das Rettende auch

Dios está cerca
y es difícil captarlo.
Pero donde hay peligro
crece también lo que nos salva.

Friedrich Hölderlin

Índice

Introducción

De nuevo, otra vez, comienzo a escribir este libro. Nunca consigo acabarlo. Es como enfrentarme a diversas traducciones del Génesis o de otros textos bíblicos y leer distendidamente: «*Al principio fue la palabra*» (o el Verbo o la luz creadora o cualquier otro tipo de magia, de voluntad de poder, de Logos reencarnado para aplacar el caos y las tinieblas) y comprender que nos parece acorde a nuestra naturaleza que todo tenga principio, aunque sea un principio un tanto abstracto e intangible, pero que no nos parece igual de bien ni nos resulta fácil de asumir, que todo tenga, inevitablemente, final. Sobre todo, nosotros mismos.

Mi final me estremece tanto como el final de este libro.

1

Sobrevolando a Píndaro

No obstante, tengo varias hipótesis que investigar y un plan de trabajo al que debo ceñirme como si me fuera la vida en ello. Es muy posible que me vaya. Estoy seguro de que un buen día llegaremos al final (también al de este libro) y nuestra mirada, visiblemente alucinada, dará buena cuenta, entonces, del milagro. O de la catástrofe. Un sorprendente e inexplicable momento sostenido por la sucesión de una serie de acontecimientos singulares, únicos, quizá irrepetibles. Perderemos el habla, olvidaremos nuestra personalidad, desaparecerá nuestra conciencia y se diluirá el conocimiento más o menos metafórico o lingüístico de lo que nos rodea, pero aun y así, un último estertor nos trasladará al instante final y decisivo, solemne, tras el que dejaremos de existir, como juguetes rotos abandonados en un desván polvoriento. Admitámoslo, si le buscamos tantos eufemismos a la muerte es porque lo desconocemos todo sobre ella.

Otras muchas veces, en las anteriores versiones de este mismo texto, tuve la impostura de escribir que llegaríamos a ser quienes somos, pero esa pretensión («*Ojalá llegues a ser quien eres*», formulada por Píndaro) no tiene sentido alguno cuando se carece de conciencia y de lenguaje y no hay discurso alguno, entonces, que nos pueda sostener. El hombre erguido, desplomado, abatido, deshecho.

Ahora debo detenerme, ineludiblemente, en el terrible instante (previo a la hipotética aniquilación prevista) en que la existencia se reconcentra y toma cuerpo en nosotros. Hemos escogido la vida y hemos apostado por ella, eso es innegable, pero no sé si el mérito es nuestro o si nos vino dado al nacer. Siempre quise averiguar (y aún no lo he logrado) por qué, de dónde o cómo surgió nuestra épica predisposición a los esfuerzos excesivos, nuestro persistente, aunque algo caótico y descuidado, afán de superación, nuestra enorme voluntad de poder trasladándonos más allá de los límites del propio entendimiento, aproximándonos a ese territorio fantasmal y brumoso donde todo lo que hacemos se descompone en fragmentos sueltos de historias donde podremos reconocer nuestro estilo, nuestro sello, quizá hasta nuestras intenciones, pero no, en absoluto, reconocernos del todo, ni captar (de la manera que pretendía Hölderlin) la totalidad, la peligrosa y compleja totalidad de lo que somos. No hay forma de rescatarnos por completo.

Fulminados, aún nos dará tiempo a exclamar: ¡Misión cumplida!

2

Citas a ciegas

Es terrible enfrentarse al desconocido lector de un libro, de cualquier libro, de este mismo libro, por ejemplo. De hecho, lo estoy escribiendo sólo para mí mismo. ¿Es así? Creo que no, al menos no del todo, pero tengo serias dudas al respecto. Mi ego se hincha como un globo aerostático cuando sé que alguien lee mis libros y me gusta pensar, ya desde las alturas y bien a resguardo del vértigo, que alguien imagina, como si los estuviera viendo con sus ojos, los universos que describí o insinué con mis palabras. No obstante, es difícil coincidir en nuestras visiones finales, porque todos venimos de lugares distintos, tenemos experiencias diferentes y no esperamos lo mismo del paso lento o rápido de los días.

Pero el buen lector reescribe los libros mientras los lee, les hurga las costuras, les encuentra los defectos y también las virtudes, toma buena nota de los hallazgos. Un libro es un artificio hecho, sobre todo, con lenguaje, pero también con algunas ideas a modo de anzuelo, con espejos trucados, con frases trampa, con balas de fogueo, con juegos malabares, con capas de mentiras o verdades superpuestas, con filtros de luz casi imperceptibles, indetectables, para ofrecer, finalmente, un paisaje en apariencia lo más completo posible, aunque el auténtico paisaje de la realidad esté inacabado y en ruinas, sea más de cartón piedra que de otra cosa y no se sostenga, de hecho, por ningún lado. Hay ratas hambrientas en sus grietas masticando las hojas de la vida cuidadosamente encuadernadas, devorando la dulce celulosa de la ficción. No se engaña, sin embargo, al buen lector. Se engaña uno más a sí mismo, escribiendo, es mucho más fácil. ¡Cuántas veces habré vuelto sobre mis textos para comprobar que no describían lo que pensaba que describían, cuántas veces tuve, en definitiva, que rehacerlos porque me di cuenta de que ni yo mismo los entendía por completo! ¿Qué había querido decir en aquellos momentos de trance, de elevación, de vuelo fingido, pero vertiginoso, en que dejé fluir mis dedos sobre el teclado sin saber adónde me llevarían? La página en blanco es un campo de batalla, más terrorífico cuanto más está en blanco, más sugerente cuantos más cadáveres vayan cayendo entre sus renglones torcidos, sus espacios entre líneas, sus márgenes laterales, sus notas a pie de página, sus pequeñas zanjas escondidas, casi invisibles.

3

La creación del mundo

Arrojados, como palpitantes desechos, en el fondo de algún tubo de ensayo, sumergidos en una especie de leche pálida, primordial y espumeante, casi translúcida o invisible según le dé la luz a ella o nos dé, de lleno, a nosotros; así es como nos engulle la luz.

En su interior (convulsión, desnudez, fusión) sólo somos un choque de luces neutras que no emiten sombra alguna, que no proyectan ninguna referencia sobre la composición o la estructura del conflicto, que no dejan de crecer mientras se nutren de la radiación brillante, constante, fluida, del maná de la luz en la luz.

Se descompone la leche en un arco iris nervado cuando un rayo de luz afortunado la corta y la hiere; y es, entonces, que sangramos a borbotones. Ya podemos echar a llorar. Estamos vivos. Eureka.

4

Hipótesis de la destrucción

Sé cómo se pierde la compostura. Incluso he podido observarlo en un cadáver descomponiéndose lentamente. No era real, pero no importa demasiado, yo tampoco soy real del todo, ni lo es esta maldita historia. O quizá sí. Lo imaginario y lo real tienden a encontrarse tarde o temprano. No obstante, hemos llegado, sin saber muy bien cómo, al lugar adecuado y hemos encontrado al verdadero protagonista hipotético de estas páginas. El auténtico juguete roto está actualmente almacenado (iba a escribir expuesto, pero esa sería una exageración de mal gusto) en el desván de los trastos inútiles, sucio y cubierto de polvo, exhausto, inerte, roto y demacrado, sin batería, sin cuerda, sin ilusiones ni esperanzas. Y sin embargo, este juguete roto tuvo alma alguna vez, tuvo deseos, ambiciones y hasta preferencias propias en todos los ámbitos de la existencia. También tuvo voluntad de nombrar el mundo y, en cierto modo, así lo hizo, hasta que empezó a sentirse abatido y extraño, porque perdió la conciencia de sí mismo, se olvidó del nombre de las cosas y es bastante probable que jamás se recupere, salvo auténtico milagro.

Sé cómo se escribe un libro. He pasado días encerrado en una copa de cristal escuchando una única nota musical. Así no se aprende música, es cierto, pero acabas aprendiendo a distinguir una nota de sí misma, a saber que son la misma nota, en efecto, pero que siempre existen algunos matices que las diferencian. Es posible seguir distinguiendo esas notas hasta completar una auténtica sinfonía sólo con ella y sus repeticiones, tan iguales como inconfundibles. Seguro que alguien ya lo hizo, como todo lo que alguna vez ha sido imaginado. La imaginación es una parte de la realidad, un lugar donde lo que hay existe de veras, aunque sea de forma peculiar, ciertamente. Me he encerrado en una copa de cristal escuchando una única nota de música: sólo me queda añadirle a esa sinfonía varias decenas de miles de palabras capaces de darle sentido. Un milagro.

Sé cómo se pierden los sentidos, el oído, por ejemplo. Incluso he podido observarlo en mí mismo, muy lentamente, desde las primeras confesiones franciscanas con la inevitable penitencia a repetir, *qué me ha dicho que debo rezar, padre*, pasando por la sensación de incomodidad e incomprensión absolutas en cualquier reunión de más de tres personas, hasta llegar al sobrecogedor silencio al abrir las ventanas de mi casa en Olmos y sentir el mismo vacío de una excepcional película muda, como *El acorazado Potemkin*, cuando el cochecito del bebé avanza, desbocado, por la escalera de Richelieu abajo y todos callan en vez de atender a las exigencias de la acción, la banda sonora del film en silencio, los espectadores del cine en silencio, el molesto runrún del VHS en el salón de casa, también, en silencio. Al final, uno deja, incluso, de oír su propia voz al hablar, lo que puede parecer un serio inconveniente, pero no lo es, porque añade una saludable dosis de desmitificación a lo mucho que solemos confiar en nosotros mismos, a lo mucho que siempre nos ha gustado escucharnos. El mundo acaba convirtiéndose en un túnel de viento que atraviesa el desierto sin abandonarlo jamás. Otro milagro.

Sé cómo se pierde el lenguaje. Explicarlo no es posible, pero pondré un ejemplo a modo de ilustración: imaginen un gran aeropuerto internacional (no sé, Palma o Madrid, por hablar de los que mejor conozco) totalmente colapsado; familias enteras, con niños, mayordomos, amas de llaves y ancianos, durmiendo en los pasillos tras disputarles violentamente los sitios privilegiados a los mendigos y a los carteristas, que acostumbran pernoctar en la terminal desde tiempos inmemoriales; la policía está de huelga, como de costumbre, y los piquetes de todos los trabajadores del sector no se puede decir que estén haciendo, precisamente, amigos; los controladores aéreos no tienen nada que controlar, pero están muy pendientes del túnel de viento que atraviesa el desierto sin abandonarlo jamás, al parecer temen alguna irrupción (la tierra siempre está en peligro) de tamaño monstruoso y origen desconocido en la sala de control; los aviones, vacíos de pasajeros, queman queroseno en tierra, derrapando por las pistas como si fueran bólidos de Fórmula 1, sólo para acabar de complicar el panorama ecológico; las pantallas de información parpadean de vez en cuando pese a estar apagadas o rotas; un rumor a niebla espesa y dicen que letal avanza por las pistas y se cuela por los raíles de las cintas de entrega de los equipajes ante el pánico de la gente que huye (hay que ver la cantidad de lectores que tuvo Stephen King) sin tener a donde ir, porque la autoridad militar ha cerrado el aeropuerto y lo ha puesto en situación de estricto aislamiento, alarma roja nivel 3 y subiendo o bajando, lo que sea peor. Bla, bla, bla. Dadá.

Mañana en la prensa, me refiero a la escrita, no saldrá ni una sola palabra de todo este vergonzoso asunto, porque mañana no saldrá la prensa. De hecho, hace años que ya no sale la prensa y si sale es igual, nadie se entera, porque nadie pierde el tiempo leyéndola. Sería un milagro que, de repente, en las circunstancias actuales volvieran a hacerlo, pero quién sabe. Tampoco importaría demasiado. De un tiempo a esta parte esto va de juguetes rotos y desvanes polvorientos. La capacidad de comprensión lectora y de expresión de la gente va disminuyendo a pasos agigantados, la voluntad de arreglar el mundo está bajo mínimos, se va perdiendo la conciencia de ser y se están olvidando los nombres de las cosas; es muy poco probable que la humanidad remonte y se recupere. Ya lo dije.

No es posible explicar cómo se pierde el lenguaje.

5

Regreso al jardín de Epicuro

No quiero recordar, en ese maldito instante, todos los instantes de mi vida pasada. Ni siquiera un breve resumen de los mejores o peores momentos. Tampoco quiero ahondar en sus consecuencias, las hago todas absolutamente mías. Me levanto agotado y sudoroso cada mañana, porque doy violentas vueltas sobre mí mismo intentando cambiar de sueño o de pesadilla; porque abandono el lecho sonámbulo y autolesionado intentando reencontrarme con gente que ya no espera verme, que ya no desea verme, que ya no puede, en realidad, verme; porque me despierto fugazmente a las horas más intempestivas y no abro nunca los ojos por completo; porque intento salvar a quienes ya no puedo salvar, porque no tienen salvación y es muy posible que nunca la tuvieran; porque me despierto rabioso sabiendo que ya no puedo, tampoco, salvarme a mí mismo, ni siquiera salvarme un poco y cubrir las apariencias; pues ni eso.

Hay mucho material personal que ya he olvidado y mucho más que olvidaré en breve: estoy seguro, porque tengo previsto hacerlo y no suelo desviarme un ápice del camino que trazo bajo mis pies y me obligo a recorrer continuamente. Una línea blanca de tiza chirriante (como una noche arrastrada de cristales rotos) entre pizarras somnolientas, entre pesadas columnas de basalto, detenidos todos los fuegos en mi propio fuego, y expuesto el horizonte entero ante mis ojos, esos ciento ochenta grados (o π radianes) que parecen querer abarcarlo todo, pero que no son suficientes. Son sólo la mitad del paisaje y no, necesariamente, la más importante. Escribir detiene el pensamiento: ahí sigue la mujer de Lot y la pausa del espacio en blanco es el lugar y la hora (las coordenadas del sumo artificio) donde se fijan las ideas y tomamos el impulso necesario para seguir adelante con ellas o a pesar de ellas. Runas encadenadas. Efigies encapuchadas con pesadas cadenas cuesta arriba y abajo por las laderas de la existencia. El mar está en calma, pasaron las tormentas y los diluvios; acaba de salir el sol y no se ve otra cosa, alrededor, que la línea del horizonte. Una paloma despliega sus páginas abiertas (como si fuera un libro) en busca de alguna rama de olivo. La paloma tardará en volver. El libro tardará en ser escrito. Todos quisiéramos volver al jardín de Epicuro, pero ya no es posible.

La quietud es inmutable y silenciosa. Crece la tierra vegetal (un hervidero de gusanos agitando sus estigmas) imperceptiblemente y los animales luchan, sin cuartel, por aparearse. En el subsuelo, las hordas subterráneas susurran una y otra vez sus cánticos, imitando el sonido de las fuerzas de la naturaleza. El aire huele a cera quemada. O a incienso. En la arena el toro negro de metal líquido da vueltas embistiendo contra las sombras, arremetiendo contra los trajes de luces y los caballos de colores.

Un pintor ha finalizado un enorme lienzo en blanco y negro de este paisaje y, desde entonces, no deja de observar, paralizado, las variaciones extremas del dolor, el éxtasis de las sirenas sobre los arrecifes, el vuelo rasante, agresivo, de algunas criaturas mitológicas, sus puños crispados, sus ojos vacíos como piedras o diamantes. ¿Será auténtico el resplandor nacarado que atraviesa la intensa lluvia? ¿Seré yo mismo quien me mira cuando me veo? ¿Seremos ambos y yo y todos una mezcla indisoluble de cuanto hemos llegado a desear más que nada en la vida: una mirada confiable, una mano abierta, unos labios húmedos que hablen de nosotros sin estridencias ni exageraciones y, sobre todo, un corazón cálido, del tamaño de un puño, que palpite al mismo ritmo que el enigma de la existencia? Puede que todo sea una gran mentira y que, finalmente, no haya nada que decir, nada que comunicar, nada que recordar o desvelar. ¿Cambiaría en algo vuestras vidas si intentara convenceros de que este último instante detenido es sólo un espejismo, una desagradable alucinación en pleno viaje lisérgico? ¿Mejoraría en algo vuestro comportamiento si os confesase que las ideas que aparentemente compartimos son sólo un auténtico fraude, un atentado contra el pudor, una perversión absoluta del lenguaje, el fruto de algún defecto de fabricación en origen, la prueba de alguna carencia intolerable en nuestra forma de entender el mundo, de explicarnos la realidad, de relacionarnos, de someternos a las limitaciones de nuestros sentidos a través de los sucesivos andenes en llamas del tiempo?

Es posible que Wittgenstein pensara exactamente lo contrario de lo que afirmaba al escribir su sentencia más conocida: «*De lo que no se puede hablar es mejor callar*».

6

Muerte por contagio

Todo lo que estoy pensando ahora ya está descrito en los clásicos. El terror biológico, la cuarentena. La muerte por agua, por tierra, por fuego, por aire. Barajo todas las opciones mientras me siento inmerso en un mundo (por otra parte, el de siempre) en el que los demás podían ser aliens e infectarnos con su mefítico aliento. Regresa a mi memoria la magnífica y terrible escena final de Sigourney Weaver, en su papel de Madre Tierra, luchando a vida o muerte contra la Madre Alien. Siento el miedo, el sudor, las palpitaciones, porque nadie lucha sólo por sí mismo. Entre otras cosas.

Hago balance y expando el holograma piramidal de la realidad cotidiana, tan repleta de preocupación general como de personajes desconocidos imponiendo sus opiniones a los demás y convirtiéndolas en normas de obligado cumplimiento, como es de ley en tiempos de crisis. No obstante, no todos eran iguales. A algunos se les notaba que tenían miedo y muchas dudas y no hay nada más humano que el miedo y la incertidumbre. Otros, en cambio, se nos aparecían como auténticos alienígenas; eran los especialistas de mayor rango, las autoridades sanitarias y gubernamentales que monopolizaban, a diario, las alarmadas pantallas televisivas con sus mascarillas chinas y su horóscopo oficial, ficticio, disparatado, enloquecido. Nadie les creyó nunca dos frases seguidas, pero eso no es nada nuevo, obviamente.

El mundo, durante bastantes meses, ya ni recuerdo cuántos, se sintió algo más triste y temeroso de lo habitual, mientras el negocio imparable de las farmacéuticas, fabricando sus vacunas para una población mundial tan ansiosa de salud como de placebos, batía todos los récords habidos y por haber. Pero en los hospitales y geriátricos mucha gente moría. Se murieron, definitivamente. Y mucha otra gente, dicen que quedó herida, marcada de por vida. Hago recuento de mis dolores articulares, de mis inesperadas subidas de tensión, de mis apuros con la asfixia y la fatiga, los molestos calambres cuando menos los necesitas, el pánico negro a los labios morados. «*No es nada. Las vacunas son seguras, créetelo, aunque también es verdad que no hay nada completamente seguro en esta vida, tampoco lo olvides*», me dijo el doctor.

Me compré una ceremoniosa máscara de oro y nácar del último Gran Emperador de la dinastía china Shun (que duró muy poco tiempo en el poder, cuando muy poco tiempo era, sin embargo, demasiado) y me asomaba a los ventanales de la calle Olmos para que los vecinos me aplaudieran. La verdad es que aplaudían, pero no sé a quién. Tampoco importaba mucho.

La pandemia vino para quedarse, pero se acabó yendo, cuando ya nos estábamos acostumbrando a su presencia. Yo me hice a ella con facilidad y rapidez. Estar en mi templo/ casa siempre fue un placer. Escribí con auténtica fruición (un par de poemarios e hice un largo testamento, por si acaso) y releí más que nunca a mis clásicos. Fui feliz con mi mujer y creo que hicimos el amor bastante más y mejor que de costumbre. Corrí por las habitaciones de la casa lo que nunca hubiera corrido por las calles de la ciudad. Corrí como un loco, contra el reloj, contra el miedo, contra la difusa impresión de que todo era o tenía que ser un maldito engaño, una farsa desastrosa. O algo muy poco serio, a todas luces. Pasé la enfermedad un par de veces sin apenas sentirme indispuesto. Lo que sí me indispone es que, desde entonces, cuando me tropiezo con las viejas amistades, percibo que nos saludamos con mucha menos efusividad que antes, que intentamos mantener una distancia de seguridad en la que, de hecho, nunca creímos. Estoy limpio. Vacunado. Vacunado. Vacunado. Vacunado. La última me la salté y ahora que ya sé decir que no, quién sabe lo que será de mí.

7

Hipótesis de la creación

De repente, el sopor te obliga a detenerte. Es verdad que los resultados finales de tu trabajo dependen, en parte, de tu estado de ánimo; lo tienes comprobado desde siempre, pero aun así, has sabido separarlos muy a menudo y conseguir que ambos siguieran su propio curso al margen del otro. No estás contento en este momento, sientes el letargo de las horas muertas, de las conversaciones estériles, la tristeza ante la debacle absoluta del mundo en que vives. Y sin embargo, sigues trabajando, sigues escribiendo, sigues pensando que merece la pena intentar encontrar el modo de cambiar las cosas; si no todas, al menos algunas, unas pocas.

De repente, te invade una emoción inexplicable. Y el mundo entero se te queda pequeño de tanto como quieres abarcar. Vuelas en círculos, planeas lentamente sobre todas tus diminutas creaciones de cada día y das órdenes, más o menos exhaustivas, que se cumplen a rajatabla, porque todos tus soldados de plomo te respetan o, más aún, te adoran, porque tus juguetes rotos aún no están rotos y sienten como suyo tu entusiasmo. Esa es la única manera que tienen de seguir a tu lado, de agradecerte el hecho singular de formar parte de tu vida, de ser lo último que quede de ti cuando llegue la terrible hora del desván polvoriento.

Es hora de tomar una caña de cerveza bien fría en un bar próximo a casa. No me gusta irme muy lejos, sobre todo antes de la comida, la sobremesa y la siesta. Un par de folios, alguna colaboración pendiente y ya empieza a atardecer. Me siento en un taburete de la barra y me pongo a hablar con Miguel, el dueño del bar, y con Enrique, un camarero que le ayuda, pero Miguel hace lustros que traspasó el bar y no sé dónde trabaja Enrique, ahora. Apuro mi cerveza y comento con ellos algunos detalles más o menos intrascendentes de la actualidad, cuidando de no profundizar demasiado para no herir ninguna susceptibilidad, pido otra caña y nos echamos una partida rápida a los chinos que, como de costumbre, pierdo, pago la ronda y nos emplazamos para una partida de ajedrez o dominó, según cuantos seamos, cuando anochezca y haya menos clientes entrando y saliendo del bar.

Un bar así no es algo muy habitual, porque acaba convirtiéndose en una especie de segundo hogar, una oficina informal, un lugar de acogida, un escritorio de urgencia, un refugio de supervivencia, un pequeño oasis en la selva diaria; no es raro que siga volviendo, aunque ellos ya no estén y no haya bar alguno en este local vacío, lleno de cucarachas y de ratas enormes, de bolsas rotas de plástico, de sacos de cemento, de restos de amianto, de toda la selecta basura que el tiempo detenido va depositando en los lugares donde, al regresar, recordamos haber sido felices; y hay que honrar la felicidad y acordarse de ella para recrearla, en lo posible, en otros lugares y circunstancias. No es fácil, desde luego, pero me temo que es necesario. He empezado a escribir muchos poemas en lugares así de hospitalarios.

De repente, nace un niño y te lo entregan, ya limpio y tranquilo, y lo acoges en tus brazos y le miras intentando capturar sus facciones, sabiendo que las recordarás perfectamente mucho más adelante, cuando sea él el que intente asesinarte, el que no comprenda ni acepte tus opiniones y consejos, el que te maldiga cuando le hables de la realidad y de las obligaciones que llevamos a cuestas sin saber por qué. Creo que me perdí muchas, demasiadas conversaciones con mi padre. Creo que cuando empecé a querer hacerle caso, ya era, desgraciadamente, muy tarde. Vino la muerte y se lo llevó sin vacilar cuando tenía la misma edad que tengo yo ahora, mientras escribo estas líneas y dejo que el pudor me envuelva de silencio, de frases ambiguas y recortadas, de tantas deudas como les tengo a quienes me regalaron la vida. No obstante, no es que sea un gran regalo, la vida. Duele intensamente, además, en no pocas ocasiones. Y sin embargo, qué gran regalo renacer de entre la nada, hacer brillante acto de presencia, de repente, entre los vivos y también tener tu propia plaza absolutamente adjudicada entre los muertos, qué gran regalo poder coleccionar recuerdos y también sentimientos, sufrir heridas y recibir caricias, mejorar tu capacidad de análisis hasta lograr sacarle punta a las cosas que no entiendes, pero que te van ocurriendo, a las cosas que haces y a las que quieres hacer, encontrarle un sentido cualquiera a la existencia para ser capaz de vislumbrar tu propio y exclusivo camino entre las líneas confusas y los garabatos desleídos de un enorme mapa, de una auténtica constelación de ruinas.

8

Inferno

El lugar, repleto de pesadas cortinas rojas, era angosto y apestaba a hachís, sin apenas asientos libres y con las barras a rebosar de vasos vacíos y ceniceros llenos de colillas. La típica discoteca de barrio obrero, superada la mitad de los años 70. Franco había muerto y pandillas de jóvenes (por esas mismas fechas muchos de ellos acabarían ingresando, a bulto, en la Policía Nacional) iban a la caza del estudiante solitario, rojo (según ellos) y descarriado. Llevaba, desubicado, más de hora y media bebiendo cerveza y dando vueltas alrededor de la pista de baile. Las luces parpadeaban y la música obligaba a las parejas a bailar como si fueran un acordeón. O unas peonzas, según. Estuve observando a algunas chicas de mi edad, jóvenes, muy jóvenes, intentando averiguar con cuál de ellas tenía aquella tarde alguna posibilidad. Me equivoqué, como de costumbre, y tras un par de bailes lentos con una chica pelirroja y un tanto arisca apareció la inevitable pandilla de energúmenos en busca de camorra. O de méritos. Sonaba la horrible música disco de aquellos años, pero aun así escuché algunas frases inconexas: «*¿Qué haces aquí, universitario? ¿Te has perdido? ¿Te gustan nuestras chicas?*». Yo ponía cara de circunstancias. En realidad, no entendía todavía nada.

Un chaval, delgado y de baja estatura, me gritaba desde el fondo de un pozo (brillaba allí a los lejos, amenazador, el grueso cristal afilado de un anillo) ordenándome, una vez y otra, que me quitase las gafas. Otro gran error, me las quité y poco después me estaban restañando una ceja en la enfermería antes de reemprender el camino a casa con la moral por los suelos. Aun así, recuerdo que pensé, entre asombrado e incrédulo, y desde entonces he recordado el instante en numerosas ocasiones: «*sólo tengo diecisiete años y toda la vida por delante*». Parece que a esa edad ya percibía, siquiera como premonición o por instinto, el siempre paradójico sentido trágico de la existencia.

– «*¿Vas con mujeres? ¡Usa el látigo!*», escribió Nietzsche, tal vez preso crónico de alguna infección incurable; pero era Lou Andréas Salomé quien utilizaba el látigo («*Si ya no tienes felicidad que darme, dame toda la tristeza que te quede*») con él y con Paul Rée. Yo mismo he repetido esa frase cuando la alegría de vivir y la pasión de pensar necesitaban de alguna broma para rebajar tensiones, de algún oxímoron donde columpiarse, de alguna manera de sentir y demostrar que, más que contradicciones, hay en la vida paradojas. Sobre todo, paradojas.

No volví nunca a esa discoteca, pero sigo recordando el sudor de la gente arremolinada. Recuerdo gritos y también carcajadas. Un atronador golpe seco me dejó en silencio (cesa la música, pero ahí sigue, inagotable, el ruido) mientras doy algunos pasos hacia atrás y manoteo torpemente en el aire. Mucho más me hubiera convenido tener algunas nociones básicas de boxeo, de kárate o de algún tipo de defensa personal; nunca le dediqué ni un segundo al tema.

¿Violencia? ¿Pacifismo? ¿Seguridad, un afilado Bowie a mano? ¿Hierba, las playas de Ibiza y Formentera, los inviernos en Mallorca, el rock sinfónico de Pink Floyd? ¿El ejemplo de los viejos hippies que acabamos venerando, porque supieron resistir manteniendo intacta su extrema condición de supervivientes? Durante aquellos años sólo nos importó la libertad en la complicada selva cotidiana; el amor, la ternura y el sexo en las sucesivas relaciones sociales, la pareja, los amigos; y la literatura, muy en especial la poesía y la filosofía, en el refugio íntimo y privado del hogar, la soledad, la conciencia. El joven que fui siempre pensó así. No creo que, hoy en día, merezca la pena explicarlo. Nadie me entendería.

9

Game Over

«Cherchez la femme, pardieu! cherchez la femme!»
Alexandre Dumas

La búsqueda fue perseverante y, desde luego, a conciencia. Puede que no sirviera de mucho, porque no es así como se llena el propio vacío, pero venía motivada, al menos, por un magnífico objetivo, además de por una innegable necesidad hormonal y biológica. *«No es bueno que el hombre esté solo»* o no hay mayor sentimiento de afirmación y de soledad asumida, que observarlas con atención, siempre tan hermosas y apetecibles, sabiéndolas el complemento natural, las reinas inalcanzables, las obras maestras de la creación. Vírgenes desnudas y sonrosadas. Vírgenes con niño y ángeles. Vírgenes de las rocas.

Pero hay también que explorar el mundo, como si estuviera a nuestro alcance. Nuestras opiniones sobre los acontecimientos diarios, así como las composiciones de lugar que nos hacemos del universo y del lugar que ocupamos en él, suelen pecar de ingenuas y decir mucho más de nosotros mismos que del tema que estemos tratando, pero nos sirven, en cualquier caso, para demostrarnos que necesitamos cierto bagaje acumulado de experiencia (y también notables dosis de paciencia e incredulidad) para juzgar y escrutar con posibilidades de éxito el paisaje y encontrarle las costuras a la vida. Las tiene y son muchas y se van deshaciendo y deshilachando con el paso de los años.

Pronto estaremos casi desnudos (paseando con la piel al aire libre por aquellas playas nudistas, cuando su existencia todavía era el secreto de unos pocos) con una única moneda en la mano y será, entonces, el momento de comprender que la cara y la cruz de las monedas son sólo una trampa, un señuelo más del azar, la prueba de que los juegos dialécticos no debieran de gobernar, en absoluto, nuestras vidas. Y sin embargo, el hombre y la mujer; el Yin, el Yang y el equilibrio de los contrarios; Hegel: tesis, antítesis, síntesis; la poca virilidad del espíritu de síntesis, según Bataille; es complicado escapar de la dialéctica, pero profundizar en ella es descubrir el reino sumergido de las paradojas. O el mejor lugar posible donde perderse. Las catacumbas del espíritu.

Estábamos con una moneda ante la arena infinita del fondo del mar y los desiertos. Seguimos con ella entre las manos, porque es lo más valioso que podremos llegar a tener nunca, la moneda en sí misma; poseerla, acariciarla con ternura o con furia, según corresponda, para lanzarla como si fueran unos dados marcados contra el azar y el destino, contra el azar y la necesidad, contra el devenir de tantas y tantas cosas que nos gustan o no, pero que suceden. Nos suceden. La existencia es un inagotable catálogo de imprevistos surgiendo a la velocidad de la sangre a través de las dos bombas hidráulicas del corazón (otra vez, la dualidad), un profundo juego de rol para el que basta con esa única moneda (nuestro único objeto de poder) para ir sorteando situaciones, para ir adaptándonos a las sorpresas, al tedio, a la curiosidad, al asombro, a la monótona, pero reparadora, alternancia de los días y las noches. Lo extraordinario se convierte en habitual sin que sepamos cómo. No hay juego sin representación ni viceversa.

Aparecen en la línea de la vida numerosos oasis repletos de palmeras junto a tranquilos lagos azules rodeados, a cierta distancia, por peligrosas arenas movedizas y nidos de alacranes, por manadas de bestias provistas de colmillos mortíferos y lunas rotas de espejismos (de iluminaciones, que diría Rimbaud, al menos antes de cumplir los veinte años). Ya hemos cumplido, varias veces, los veinte años pero seguimos rechazando, por indignos, los sobornos que todavía nos son ofrecidos. Es cierto, nos gusta creer que controlamos la situación y esperamos que los demás nos sirvan de cómplices, pero eso no siempre sucede, lo imprevisto nos atrapa sin que nos demos cuenta y, cuando lo advertimos, ya es demasiado tarde. No tenemos escapatoria, pero ¿y si la tuviésemos, adónde iríamos?

No hay otro lugar que nosotros mismos. Siempre nos estamos buscando, pero el juego consiste, precisamente, en no terminar de encontrarse nunca. Sólo podemos perdurar durante ese misterioso tiempo de pérdida y búsqueda contradictorias, ese lapso indefinido de emoción que no intentamos, siquiera, contener, ese tiempo dilatado que se acaba convirtiendo, más que en una apuesta a todo o nada, en la plasmación decidida de una auténtica voluntad de poder de riesgo extremo, personal, absoluto, con la que ponemos en juego la existencia misma de nuestro propio personaje, hoy, aquí y ahora, una y otra vez, mañana, pasado y cada día hasta el momento en que deja, finalmente, de tener sentido, porque el maravilloso juego de la vida se ha acabado. Se ha tragado nuestra moneda para siempre.

10

El desertor

No tengo prisa, es cierto, en acabar este libro. ¿Por qué habría de tenerla? A cierta edad, casi a punto de alcanzar la séptima década de vida, uno ya no compite realmente contra el tiempo, sino que se deja mecer en su vorágine, se deja absorber por su poderoso vórtice, se deja vencer o convencer sabiendo que la existencia siempre acaba estando de parte de la suavidad, de la lentitud, incluso de la ternura, y que cualquier movimiento brusco, cualquier tipo de violencia irracional, podría desarbolarnos por completo. Ese naufragio, ese fracaso, en definitiva, no lo queremos atesorar en nuestro balance personal (nunca resuelto por completo) entre deseos cumplidos y deseos por cumplir. De los primeros surge la biografía, de los segundos, la bibliografía.

Siempre he creído, no obstante, en la mayor categoria, a efectos humanos, de los deseos por cumplir frente a los deseos cumplidos. Siempre he aspirado a más de lo que me ha sido concedido, a bastante más de lo que he podido alcanzar por mí mismo, quizá por falta de habilidad o de talento; o porque no me esforcé lo suficiente. O porque mi reino no es de este mundo. ¿Mala suerte? No lo creo. La voluntad es un arma de doble filo; aprendes a manejarla y te sientes invencible hasta que algo, no sabes bien qué, se tuerce y ya no eres capaz de afrontar la vida con la misma pasión y energía; es, entonces, cuando la voluntad que anteriormente te sostuvo a flote se encarga, ahora, de hundirte, de hacerte ver que siempre estás perdido y a mitad de camino y que, con todas tus lamentaciones y quimeras a cuestas, no vas a poder llegar tampoco mucho más allá; y sin embargo, de qué podría, en realidad, quejarse un orgulloso habitante del primer mundo, sin más guerras que las de los antepasados ni más hambrunas que las metafóricas del espíritu en unos días socialmente injustos, intelectualmente mediocres, culturalmente baldíos, espiritualmente resecos y vacíos, dicho esto desde un sentido estrictamente laico. Sobre todo, laico.

Hay que aprender a no quejarse, cuando el mundo asemeja un coro de plañideras. Hay que aprender a cambiar el ritmo de las reflexiones con otro tipo de ritmos y reflexiones. En breve, abandonaré las redes sociales. Dejaré literalmente de existir. Un placer similar al del juego del escondite, con el añadido inexcusable de una nueva regla: nadie podrá encontrarme jamás.

11

La isla

Mirar y reconocerse implorando una moneda de luz con la mirada. La isla es relativamente pequeña y todos podemos reconocernos a unos pocos pasos y también desde más lejos, semiocultos tras la frondosidad de los matorrales y las agujas de los pinos. No hablo de la ceguera ni de la soledad (entre espejos y sábanas, donde la humanidad siempre supo buscar refugio), sino de los límites de lo que somos capaces de ver o no ver. El periscopio recorre el círculo completo de nuestra existencia. No sé lo que estoy buscando, quizá nada en concreto; pero, al menos, sé que ya no busco cómplices. Encontré unos pocos, eso sí, que me fueron acompañando durante bastantes trechos del camino hasta que en alguna encrucijada se apartaban y cogían otra dirección o se dejaban caer, finalmente rendidos, en algún remanso que consideraban propicio. Adiós, compañeros. Buen viaje.

Sigo dando vueltas, sin brújula ni mapa del tesoro, en el interior del mismo paisaje de siempre. La isla nos envuelve, nos amenaza con sus tormentas de verano y nos recluye en sus cuevas agobiadas de espejismos. La isla nos abriga con sus tornados de arena y nos convierte en sus prisioneros (y también en sus amantes) para siempre. La naturaleza se transforma y nos transforma, pero la isla sigue ahí, devorándonos, pese a su apariencia apacible. «*Hasta donde llega la mirada es tuyo. O lo será algún día, hijo mío*», parece decirnos. La tierra redonda. La tierra en llamas. La tierra reseca y baldía. La tierra sumergida y anegada de plumas de ave y colmillos. La tierra oscura. La tierra plana. Juan Planas. Aquí. Presente. Aquí. Aquí mismo. La ilusión nos llama a filas. Lo hace cuando tocan a diana al alba vacilante de cada día. No sabemos qué nos espera realmente hoy, pero la agenda clamorosamente vacía nos hace sentirnos tan expectantes como desamparados.

No es, pues, hora de balances. En absoluto. La soledad tiene sus pros y sus contras, eso es evidente, pero cuando la decrepitud física se convierte en una certeza monstruosa es cuando nos agarramos con fuerza a todas las hazañas que hicimos cuando éramos jóvenes. No las vamos a contar aquí, por pudor, por dignidad, porque estamos intentando desaprender todo lo que nos quisieron enseñar; y en nuestra biblioteca personal, actualmente, ya sólo hay lugar para todos los auténticos inadaptados del universo que pudimos rescatar del olvido colectivo. No son pocos. Tampoco demasiados.

Sigo buscando algo, que sé y no sé lo que es. No resulta fácil explicarlo. Quisiera deshacer la dialéctica que me tiene preso, disolverla y salir corriendo, pero no puedo desatar sus nudos corredizos. He de asumir que nunca alcancé del todo a comprender algunos conceptos, la conciencia plena de no ser y no estar, por ejemplo, frente a la monomanía obsesiva de auscultarme a todas horas; la sensación angustiante de saberse inacabado, incompleto, frente a la certeza absoluta de que no nos falta, realmente, nada. Aire. Objetivos. Sentimientos. Libertad. ¿Libertad, quizá para producir y seguir consumiendo? Seguridad. ¿Seguridad, para ceder al solemne soborno de la vida eterna? No, no es eso. Se trata de la conciencia, en efecto. Necesitamos alcanzar un nivel más profundo de conciencia y, con ella, un Yo más sólido y mucho más flexible. Un Yo privado, admirable y anónimo. Un Yo público, absolutamente inaccesible. Un Yo alejado lo máximo posible del ruido: hay una tormenta afuera y un recuerdo de fulgores adentro.

12

Lugar irreal

Pasan los años. Uno tras otro. Caen las hojas, ya no hay *pin-ups* en las páginas de los calendarios. Eso me parece terrible. Tampoco reconozco el lugar donde me encuentro. ¡He estado en tantas partes! Las formas a mi alrededor emiten nubes tóxicas de un extraño vapor metálico y en las yemas de mis dedos se dibujan espirales únicas, más o menos concéntricas, quizá remolinos de ázoe. Ardo junto al fuego, sobre, encima, en el interior cóncavo de las llamas azules, pero nunca he sabido arder como arden de verdad las cosas. Nunca me convierto del todo en cenizas; el viento no me dispersa violentamente ni me lanza en busca de lo que ignoro; parezco, más bien, una persistente y enrarecida nube de virutas de plomo, un manto de metralla que sobrevuela las heridas abiertas de mi propio cuerpo, allá donde me encuentre.

Me siento el último prisionero sentimental de una guerra que ya no hace prisioneros.

13

Carrer Oms

La calle está, a veces, de fiesta. La engalanan, entonces, con las lágrimas de alguna virgen y la muchedumbre baila y bebe de ese llanto prodigioso hasta que las horas se acaban y el camión de la basura se lleva todo a nadie sabe dónde. La calle, a veces, está demasiado atareada; parece, entonces, buscar descanso jugando a las chapas en Can Vinagre o languidecer sin disimulo alguno, profundamente, en las tiendas sin estanterías que los chinos han ido abriendo, una tras otra, sin atender a ningún análisis previo de mercado. Allí almacenan cajas con zapatos y zapatillas, con ropa de colores, con sombreros de paja, con los artilugios más increíbles e inútiles; cajas vacías que transportan de un lugar a otro sin que sepamos por qué lo hacen. Nunca nos lo dirían: dejaron su destino en otro lugar y empiezan a sospechar que nunca podrán regresar a casa.

También yo he perdido el destino que creía el mío. Quizá sea culpa del destino. ¿Quién le mandaba desentenderse de mí, no mostrarme con diáfana claridad lo que me convenía? O culpa mía. ¿Por qué añorar el principio y dejarse llevar por la ilusión de haber viajado a un lugar en el que no estamos ahora ni recordamos haber estado en el pasado y en el que, por todo lo visto, nunca nos podremos reconocer, salvo como nómadas sin otro hogar definitivo que el próximo, presos vencidos por la obsesión constante de la fuga, víctimas marcadas a hierro por la necesaria fugacidad de los signos, el paso a paso no siempre consciente (ni mucho menos firme: tambaleante) de la existencia? La calle viaja de abajo arriba o viceversa; parece una alfombra de ladrillos verdes por la que tengo la obligación de pasar cada día, a por el pan, a por el agua, a por la sonrisa de alguna niña, a por el desenlace de alguna conversación que dejé inconclusa: las palabras quietas, montadas en el aire, inmóviles, a la espera de la brisa, del viento, de la tempestad que agita el árbol de la vida. En efecto, todo cuanto vemos y hacemos, incluido el lenguaje que utilizamos (o que nos utiliza), es fruto del árbol del conocimiento del bien y del mal, del árbol telúrico de nuestra cultura; es decir, podríamos dialécticamente (siempre en el ámbito estricto de la teoría) podarlo, convertirlo en un bonsái, reducirlo a astillas y después a cenizas, transformarlo, incluso mejorar su aspecto, la calidad de su estructura, la fuerza y la profundidad de su sombra. Pero de qué metafórico jardín similar al de Epicuro, de qué urbe gigantesca en este mundo de urbes cada vez más gigantescas, de qué prodigiosa calle oculta en el centro mismo de un laberinto de infinitos callejones sin salida, provendrá toda nuestra cultura, sino de la constelación de órganos vitales ensamblados, generación tras generación, en nuestras efervescentes entrañas, de la colmena fértil de nuestros más íntimos deseos expuestos con vehemencia, al descubierto, convertidos en objetivos irrenunciables. ¿Podría, tal vez, haber consistido la auténtica libertad en ver crecer la vida en ese pequeño jardín convertido, finalmente, en un huerto universal, en ceñirse al ritmo cíclico de las estaciones, en atender a la voz interior, a la naturaleza de las cosas (*De rerum natura*), a su germen, a la razón de ser de nuestras querencias?

Sólo hay cinco olmos en la calle Olmos. Escribo sobre ellos, porque son mi propio jardín particular.

14

Escapo del paisaje / y dejo atrás: / la creación intacta

Se abre la tierra como flor carnívora: es un endecasílabo perfecto y tengo en mucha estima este tipo de endecasílabos. Deseo sentirme devorado, engullido, desaparecido entre sus dientes vegetales, como el mundo encerrado bajo una cúpula transparente de niebla o de hielo, de ázoe y rocío, de resplandor levemente tembloroso y anaranjado. Así el amor y la ira me han sometido numerosas veces, incluso simultáneamente.

Se cierra el mundo (la ciencia ficción es el lugar ideal de todas las filosofías, salvo de las que buscan redimirse en una monótona y repetida sucesión de haikús) como bajo otra cúpula, que no vimos descender de las alturas. De repente nos rodearon los muros invisibles de un laberinto cerrado en sí mismo, asfixiante. Observo la materia ingrávida, inabordable, sus formas enormes, indescifrables, talladas como si fueran de acero, las juntas invisibles, la ausencia total de celosías. La escapatoria no existe o es sólo un deseo desconectado de la realidad, un pozo profundo por el que puedes dejarte llevar por el vértigo de una caída desmedida, definitiva, interminable. Seguir cayendo y no concebir que pueda existir alguna alternativa al instante final y a su asfixia intrínseca. Sin embargo, hundes tu rostro en la arena húmeda y sigues respirando.

Recuerdo ahora, inevitablemente, alguna escena de *El día de los trífidos*, entresacada no de la película, sino de las páginas del libro. Una visión personal. Me gustan los bosques de agujas, los laberintos de setos retorcidos y simétricos, tan simétricos como nosotros, las ramas de los olmos sorteando los ventanales de mi casa e irrumpiendo en el salón, cada verano. Acaricio sus hojas verdes, les hablo de una botánica que no sé si existió nunca y las empujo, con suavidad, más allá de los cristales, hacia la calle; ceden, al menos al principio, pero siempre acaban regresando. Me gusta su perseverancia, real e incomprensible, inútil como tantas otras cosas de la vida misma, porque tengo unas enormes tijeras de podar y puedo utilizarlas cuando me plazca. Las utilizo de vez en cuando.

El pensamiento tiene su propio lenguaje, recargado o ligero, absurdo o gramatical, bastante surrealista cuando te da tiempo a analizarlo a fondo; resignado o discursivo, agresivo o insistente, romántico o retador como las ramas flexibles de los olmos dialogando conmigo, negociando el espacio (o el campo de batalla) contra los cristales abiertos, casi invisibles, impasibles, de mi casa. Ese lenguaje es el nuestro y, sin embargo, parece provenir de algún lugar fuera de nuestro alcance. Nos obliga a desdoblarnos, fuera y dentro de la casa, nos sitúa en el gran teatro del mundo como espectadores y, a la vez, como imprescindibles actores.

Cada verano las ramas más largas de los olmos invaden mi casa con algún endecasílabo perfecto de regalo. Quizá sean ellas, además, las que me van dictando estas frases. Las escribo en su honor de seres vivos.

15

Apocalipsis

Escribir la vida, mientras la piensas. Las hojas tienen marcas de agua, nervaduras vitales, pero hacemos como si no las viéramos. La tinta recorre los márgenes e inunda los renglones del terreno recién abonado para el pensamiento: se trata de una cosecha minúscula, de una floración de signos que intentan revivir las ideas (y también los ideales) que muy pronto nos podrían resultar extraños, casi ajenos. «*No tengo nada que ofrecer sino sangre, esfuerzo, sudor y lágrimas*». La victoria tiene muchos más sinónimos que justificaciones la derrota.

Vamos de hallazgo en hallazgo, entre magníficas y dolorosas sorpresas, cierta sensación de irrealidad y de hartazgo repetido, pero cómo podríamos olvidar del todo las viejas ideas, cómo dejarlas a su suerte, renunciar a ellas, negar el peso que tuvieron, la luz con que nos alumbraron... «*En verdad te digo que esta misma noche, antes de que el gallo cante, me negarás tres veces*».

Escribir el libro, *pensándolo*, sin guión previo, sólo atendiendo a los conflictos y las circunstancias del oficio de escritor que coinciden conmigo (existencialmente, es decir, mientras escribo) en este instante de sangre, esfuerzo, sudor y lágrimas en una página (y luego en otra) infestada de fieras solitarias, de plantas carnívoras, de conversaciones en las barras de alcohol de las tabernas donde me perdí igual que me encontré, donde me derrumbé igual que me reconstruí, empeñado en descifrar el críptico aullido de las alarmas de la soledad, la dorada lluvia primordial de los meteoritos fuera de órbita o las asfixiantes nubes tóxicas del tantas veces anunciado apocalipsis. Ah, el terrible apocalipsis, con sus jinetes y sus plagas, con sus laberintos perfectos y sus bestias ponzoñosas, sus profecías crípticas y sus tribus asustadas, encerradas en ellos.

El fin del mundo no es un auténtico fin en sí mismo, sólo es un fin entre muchos otros probables o improbables, el brusco movimiento que borra de un plumazo los instantes en que estuvimos aquí, presentes, reunidos alrededor de la voz de los más sabios. No quedará de nosotros, sino un lugar vacío (un desván repleto de inanimados juguetes rotos, por ejemplo) y un enorme mapa de caminos sin recorrer. Cantará el gallo y te habré negado tres veces.

Resulta bastante creíble, pero no tiene por qué ser cierto.

16

La verdad y otras condenas

«La sinceridad del poema sólo es comparable a la del deseo».

Desde que la escribí en *Eclipse* (*Pasión Impresa*, 1985) he repetido varias veces esta misma frase convirtiéndola, casi, en un lema personal; siempre la juzgué interesante, quizá verídica o, al menos, bastante sugerente. Un hallazgo afortunado, suelo decirme, aunque las pruebas sobre su veracidad las haya encontrado y las siga, todavía, encontrando en el interior de mi propia vida y casi nunca en la de los demás. El pensamiento (y más cuando es aforístico) tiene sus limitaciones. O sus contraindicaciones.

Si intento hablar de los otros me desubica, con bastante frecuencia, el hecho incuestionable de que no deseamos todos lo mismo ni lo hacemos, tampoco, con la misma intensidad. Mis deseos están íntimamente relacionados con mi propia forma de vida; y ella sólo me concierne a mí. ¡Sobre los demás y su vida quisiera decir muchas más cosas de las que me siento realmente autorizado a decir! Trascender de lo personal a lo universal da sentido y fuerza, resonancia y valor, a este extraño oficio de escritor, pero, si somos honestos, hay que reconocer que no siempre lo conseguimos. O sí, pero un escritor nunca sabe quienes serán, finalmente, sus auténticos lectores.

Manejamos conceptos difusos y hasta equívocos, que hacemos nuestros sin conocerlos a fondo ni distinguirlos por completo. Lo desconozco casi todo (hablo en esencia) sobre la verdad o la mentira, sobre los sentimientos o los deseos. Lo desconozco casi todo (sigo hablando esencialmente) incluso sobre mí mismo. Sólo manejo conjeturas y no sé muy bien cómo transitar alternativamente entre lo físico y lo síquico, entre lo humano y lo espiritual. Tampoco me parecen territorios tan distintos, pero es muy posible que yerre. ¿Cómo maneja el alma las emociones, cómo deja que me afecten físicamente? ¿Las manipula en su totalidad o simplemente absorbe las partes que le sirven y desecha las que no le son útiles? ¿Las domina con mano férrea o se deja arrastrar, como me tiende a suceder a mí, por sus sentimientos y debilidades, por sus ideas preconcebidas, por las profundas contradicciones de su cultura?

Hubo un tiempo en que derrochaba, entre el ir y venir continuos, entre el bullicio de la gente, muchísima más lucidez de la que podía recordar al día siguiente. Debería haberle sacado algún provecho a tanta resaca, a tanto lastre echado a perder para siempre, pero no lo hice.

Tomo nota. Debería desechar, para siempre, esta amarga contabilidad de viejo ángel caído.

Uno se va encontrando personas de lo más diversas. Una auténtica y florida pinacoteca del género humano. Gente seria, gente divertida, gente importante, gente que pasaba por ahí, famosos, extras, figurantes, gente amable, gente desafiante, locos de atar, gente siempre de perfil, gente deleznable, gente anónima, gente creo que invisible. Un catálogo sin demasiados límites que resulta imposible examinar por completo, aunque siempre convenga fijarse en algunos personajes, que aun no llegando a ser arquetipos universales, parecen querer engancharse *fuertemente* al mundo en que vivimos, al mundo en este mismo momento.

Están, por ejemplo, los dioses menores que predican en las redes sociales como si estuvieran en el rincón del orador de Hyde Park. Están los locos peligrosos que intentan, por sobre todas las cosas, dirigir el mundo, manipularlo según sus propios esquemas: siempre al borde de una catástrofe que sólo podrían evitar ellos, miserable gentuza con las bolsillos llenos de estiércol. Están los cínicos y también los descreídos, los trepas y los arribistas, los usureros, los que sólo atienden a lo que les conviene, al poder infeccioso de la reputación, del dinero y sus lujos, ese poder que se acaba convirtiendo en una debilidad estúpida y vergonzosa, cuando no es auténtica voluntad de poder y no se utiliza para alcanzar las formas superiores de la existencia, sino tan sólo para sobrevivir, cómodamente, a costa de los demás. Todos estos parásitos deberían ser cuidadosamente reunidos, exhibidos en plaza pública y juzgados, durante cada mes de Termidor, poco antes de ir a parar al desván de los juguetes rotos.

Luego estamos la mayoría de nosotros, de uno en uno, en una fila india que da la vuelta, sin demasiadas prisas ni tampoco empujones, al universo entero a través de todos los tiempos, espantosamente a solas con nosotros mismos, espantosamente abrumados por el resplandor de las generaciones que nos preceden en las aguas desnudas de los espejos, espantosamente desvalidos frente a un anciano de aspecto bíblico, con las barbas encanecidas y la mirada profunda, severa, que dice poder abrir a su antojo los mares para que podamos adentrarnos en nuestro interior nervado, sin perecer ahogados. Lo hizo una vez; seguro que puede volver a hacerlo.

Este último lugar, una especie de jardín en el fondo

desecado del mar Rojo, me parece el más interesante de todos lugares, aunque no sé si se trata de un simulacro del claustro materno o de algún desván polvoriento, repleto de ideas desordenadas, que guardamos en nuestro subconsciente sin saber muy bien para qué. Podría ser el fruto de alguna ensoñación repentina que, en ocasiones, nos transforma en seres luminosos dotándonos de una extraña sensibilidad y de un placer irrepetible. Irrepetible. Irrepetible. Cada vez buscamos, con más insistencia, lo irrepetible. No debiera de extrañarnos, pues, que nos ganen terreno la decepción o la indiferencia. También la ira. Esa extraña imposibilidad de llenar el vacío con cualquier cosa, incluso con sentimientos.

Que nos invada, como si nos alcanzase un rayo de lucidez perdido, la conciencia transversal de andar abocados como especie (en extinción) a un fracaso, al mismo tiempo, personal y colectivo. Nuestro, a la vez que universal.

Nadie se librará de la condena.

17

La muerte de la literatura

No se habla todo lo que se debiera de la muerte o del fracaso de la literatura y es una lástima, porque es un tema que puede dar mucho juego. El motivo habrá que buscarlo, tal vez, en que hay demasiada gente viviendo de ella. O mejor, malviviendo. Nos gustan los libros y algunos libros, en concreto, nos gustan mucho; hasta nos gusta leerlos. O nos gustó leerlos, tiempo atrás, cuando todavía valorábamos la posibilidad de enloquecer con una simple frase ingeniosa, con un sentimiento más o menos noble o revolucionario, con un destello bien construido de lo que nos gustaría ser si no fuéramos algo distinto. Muy distinto.

Deberíamos hablar (irrumpiendo en los complejos terrenos polisémicos de las paradojas) del fracaso absoluto del lenguaje y, por lo tanto, del hombre. De la inutilidad manifiesta de nuestras representaciones del mundo y de la irrelevancia de todas nuestras intenciones, muy en especial de las que tienen por objeto ser útiles a la humanidad, al progreso o a lo que sea que se quiera mejorar. Deberíamos hablar (y lo que dijéramos nunca sería suficiente) de nuestra propia debacle irrepetible, irrepetible, irrepetible, porque ya nada queda en pie que pueda volver a ser derribado. Nos fundimos con el paisaje en ruinas, bajo los escombros de lo que fuimos o quisimos ser, con el interminable trago ácido de la realidad en la boca del estómago: el mundo es sólo un vómito, una excrecencia, un bodegón de frutas echadas a perder por el instinto famélico de los gusanos, un lodazal conceptual, un conflicto de hipótesis sin referentes ni referencias fiables; el irreal discurso de la conciencia entre los límites y las posibilidades que ella misma necesita inventar para protegerse de la falta de cordura o de la irrelevancia y la degeneración actuales (es decir, absolutamente modernas), para librarse, en fin, de ese corsé apretado tan elegante y de esa exquisita lencería de bridas, que llamamos arte, sociedad, cultura, civilización o historia. Fuera de toda esta inmensa construcción artificial sólo existe la divergencia, el ser que elige el exilio y, al menos públicamente, la discreción y el silencio, el respeto absoluto a la distancia insalvable que hay entre el ser en el mundo y el ser en sí mismo.

Esa elección es la única demostración tangible de que nos negamos a abrazar la barbarie.

18

Los vasos comunicantes

Nuestra conciencia (enfrentada a la conciencia colectiva, allá entre las bambalinas, bulliciosa, reflexiva) intenta ser un ente individual y diferenciado, único. Sin embargo, hay bastantes nexos entre la conciencia de unos y otros. También alguna grieta abierta, algún vaso comunicante fuera de control, algún atajo imprevisto, por el que se nos permite, muy de vez en cuando, acceder a los secretos extrasensoriales del cuerpo y del espíritu y disfrutar de la sensación refrescante de la inmanencia, encontrar en los demás (y en la humanidad de todos) el latido esencial de la existencia. No sirve de nada hacer públicas o compartir las sensaciones a las que pudimos acceder en lo más álgido de esos instantes prodigiosos, porque no las podrá comprender quien no haya vivido la experiencia. El proselitismo debería estar prohibido.

Uno no sueña con lo que tiene, sino con lo que le falta. No sé si es del todo cierto, porque hay sueños muy confusos y sueños que no recordamos. ¿Para qué íbamos a querer escoger nuestros sueños, sino para recrearnos en ellos hasta vaciarlos de contenido? Afortunadamente, nunca lo lograremos, porque no existen suficientes universos alternativos a nuestro propio universo y es, en definitiva, nuestro propio universo el que, tras cada sucesivo amanecer, siempre se recupera (al menos, para nosotros) a través de los sentidos. La realidad se recompone y se convierte en nuestra única aliada. Siempre lo fue, aunque a veces nos pareciera lo contrario. Es verdad que nuestros sueños son dolorosos y hasta crueles, en ocasiones, para con nosotros mismos o para con los demás, pero que nadie intente arrebatárnoslos, porque están hechos de la misma sustancia que la realidad y sin ellos nos sentiríamos mutilados. Ni siquiera el insomnio nos revelaría la cara oculta de la conciencia detenida en alguna frontera entre la vigilia y el abandono (obligado) de la realidad. Allí aguardamos, en las afueras del tiempo, infructuosamente, nuestra propia llegada. Allí guardamos, celosamente ocultos, nuestros más secretos deseos, para preservar nuestra identidad, para pulir algunos de nuestros defectos, para desarrollar las virtudes que creamos tener, para imaginar (las bodas de Caná o Camacho, el funeral del rey Midas) el maravilloso y puede que obsceno catálogo de situaciones que nunca hemos sabido disfrutar del todo. Cierta incomodidad o timidez, que nunca hemos llegado a comprender, es la principal culpable.

Ni siquiera Dios podrá conocer todos los sueños de los hombres.

¿Pero es sensato querer llegar a ser completamente uno mismo? De hecho, ¿qué podría ser uno, sino uno mismo? ¿Se puede ser otra cosa, algo más o, quizá, algo menos? La sensación es que nos movemos en terreno muy resbaladizo y que no siempre nos es posible alcanzar ese soberbio sentimiento, autodefinido como Yo propio, que sólo parece existir como quimera; como puzle metafórico que no podremos concluir, porque nos faltan algunas piezas necesarias; como precaria síntesis de ocurrencias y fantasías que sólo logramos encajar en el envés del orden mecánico de la rutina cotidiana: en la definición exacta de lo imposible. No es posible lo imposible. No se puede alcanzar el lugar que se va alejando de nosotros a medida que nos aproximamos a él. Siempre hay una distancia que salvar. Una gota de sudor colapsando un agujero negro. Un abismo sicológico sin fondo.

Se extiende ante nosotros un proceso (no sólo vital, sino intelectual o síquico) de búsqueda de equilibrio en todas las balanzas, de horizontalidad en todos los vasos comunicantes, de persecución y huida simultáneamente contrapuestas, detenidas, anuladas. ¿Hemos alcanzado la auténtica quietud, la paz interior más allá de todas las vicisitudes? ¿Somos el erial preparado para levantar al cielo el croquis inacabado de nuestros sueños, la construcción a medio hacer, la magnífica obra de arte sin espectadores que proyectamos a cada instante? Me gusta esa ausencia contextual, ese ir contracorriente, porque cada nuevo fracaso acaba por añadir una pizca de sentido a nuestra existencia; y un sentido, incluso uno forjado de esta manera, es siempre un hallazgo. Puede que un consuelo, también.

La realidad existe, es palpable, tangible. Duele si me golpea y me place si me acaricia. También me hace fruncir el ceño o reír a carcajadas. Cuanto me rodea no es ninguna alucinación. O sí, pero qué más da. Es una alucinación de carne y hueso, de piedra mineral, de materiales orgánicos. Cae la lluvia y arrecia con cierta fuerza el viento: persigo mi sombrero Stetson por entre las silenciosas galerías del enorme laberinto, me encorvo, me revuelvo y aguanto sus embestidas lo mejor que puedo. No puedo detenerme a ver qué hacen los demás, porque hacen exactamente lo mismo que yo. Lo estoy escribiendo.

Hace calor en los trópicos (mi preferida es *Trópico de capricornio*, con Henry Miller buscando su propia voz de escritor, experimento de ficción autobiográfica, como todas las ficciones, ambientada en Nueva York, años 20) y el ambiente reinante se asemeja a un cuerpo sudoroso de mujer en pleno orgasmo. No sé si es mejor verlo o imaginarlo. Cada vez me parezco más al viejo Tiresias arrancado del mundo y preso en *La Tierra Baldía* de T. S. Eliot. La belleza me sigue llenando de felicidad, pero me aturde, porque ya no soy el amante poderoso y solícito que fui. Mi vida es mi relación con mi realidad. A veces, asemeja un intercambio en plena guerra fría. El puente que se extiende ante mí viaja entre lo que pienso y lo que hago como entre lo que soy y lo que no soy; y es un largo trecho que recorro en ambas direcciones, porque no puedo dejar de hacerlo; y ahora me balanceo o me columpio, porque estoy en un puente colgante y conozco muy bien ese movimiento. Se llama vértigo como también se llamó amor.

Mis acciones son la única realidad a la que me debo, pero este diagnóstico sumarial tendré que seguir luchándolo todos los días de mi vida.

19

La necesidad de escribir

Algunos escriben sólo por el placer de escribir; creo que son doblemente afortunados: escriben y, además, disfrutan haciéndolo. No se puede pedir mucho más en la vida. Otros, en cambio, escribimos porque sentimos la ineludible necesidad de hacerlo, porque enloqueceríamos si no lo hiciéramos y porque enloquecemos haciéndolo; pero ello no significa que siempre disfrutemos; en ocasiones, escribir nos duele como la peor de las heridas. Nos vemos obligados a extraer las ideas con lentitud y oficio, rascando a fondo las cavidades que apenas sí podemos alumbrar, hasta que sólo quede en ellas el hueso limpio y el hueco vacío, hasta que nos quedemos sin fuerzas, extenuados por la gravedad de lo que hayamos podido extraer del mundo y de nosotros mismos, aturdidos por su peso específico en nuestra forma de vivir y pensar, asombrados por descubrir, una vez y otra, tantas visiones y perspectivas, tantos paisajes que ni sospechábamos.

Supongo que algo tendrá que ver la inteligencia con nuestros esfuerzos más o menos placenteros. Me preocupa bastante la buena prensa que tiene la inteligencia. No hace falta que haga hincapié en la facilidad con que se la confunde con la rapidez verbal de los hacedores de recetas de autoayuda y los vendedores de humo; con la desfachatez y astucia de los que intentan engañar a los que más puedan, al menos, durante un cierto tiempo; con el ingenio trastornado de los pícaros, aunque, en ocasiones, nos parezcan graciosos; con los que abusan de la imaginación y que, en vez de fascinarnos ampliando el campo de lo real, la convierten en un estrecho y tortuoso campo de minas a su servicio; con la falsa capacidad de fabular de los que no saben escapar de los lugares comunes y de la maloliente presencia de la retórica, que es la marca definitiva del texto fallido, la prueba, la demostración final del engaño. Esa literatura no merece ser escrita ni tenida en cuenta. Prescindamos de ella.

El arte (la obra de arte, en realidad) es un bien escaso, quizá el fruto único de un milagro inesperado. Existe, pero no podemos contar demasiado con su aparición. No obstante, la obra bien hecha, la que debiéramos, al menos, exigirnos, es perfectamente compatible con la existencia e, incluso, con la necesidad de muchos tipos de literatura, que no tienen por qué caer en la indignidad o en el engaño, y que no deberían hacerlo, desde luego, y que tratan, no sin dificultad, de sobrevivir como una actividad más cotizando (no demasiado al alza, por cierto) en la bolsa de los trabajos y las horas. Me refiero a la literatura negra o la crónica histórica, el ensayo filosófico, la divulgación científica o la crítica social, los libros de evasión y aventuras más o menos amorosas, la narrativa infantil o la poesía, que es el arte mayor y, a la vez, el más minúsculo de todos, entre muchas otras variantes de expresar con palabras el hecho singular de ser humanos.

El periodismo, por ejemplo, es también literatura (exceptuando las *fake news* y, en general, el ambiente tóxico de las redes sociales) y resulta, al cabo, ser un trabajo tan complejo como apasionante, porque no hay nada existencialmente más vivo que la actualidad que sentimos muy próxima, la que nos taladra la piel haga frío o calor, la que nos obliga a mirar siempre más allá para intentar sacarle los matices más variados al paisaje, extraerle el jugo, la savia, el latido de la realidad a las anécdotas de cada día por muy pequeñas e insignificantes que se nos antojen. Yo mismo he escrito durante décadas en varias cabeceras de la prensa local (aquí lo cercano me parece un grado importante) y sé muy bien a cuánto se cotiza el párrafo o la media página, la entrevista al personaje de moda, la guía semanal de arte y cultura, el relato veraniego, la crítica literaria o cinematográfica, la columna de opinión (mi preferida) o la redacción de alguna noticia de última hora. Hay que disfrutar y trabajar, pero también hay que viajar y aprender y pagar los numerosos alquileres cotidianos de la existencia.

La felicidad es también un peaje que hay que afrontar de la mejor de las maneras. Siempre me he considerado razonablemente feliz, no por serlo en demasía, por supuesto, sino porque sentirse desgraciado es algo que nunca ha entrado en mis planes, ni siquiera como posibilidad o contrapeso. Pero con la felicidad pasa como con la inteligencia. Tiene demasiada buena prensa, para que luego casi nadie sepa decirnos si la felicidad es, sencillamente, estar alegres, activos, satisfechos y enfocados en algo concreto y fructífero o si se puede ser felices estando, incluso, apenados, enfermos, quizá perdidos, desahuciados, desorientados.

Puede que la felicidad no sea nada de todo esto en concreto y sea una mezcla de otras muchas circunstancias, una agitada lumbre interior que cuando no nos abrasa nos ilumina y nos hace ver las cosas de una manera distinta. ¿Cómo son, realmente, las cosas, quién lo sabe de veras? ¿Cuál es nuestro papel en el trasiego tumultuoso que existe entre el mundo, el demonio y la carne, por citar los tres elementos arquetípicos en eterno conflicto más fáciles de reconocer, al menos, en nuestro hábitat cultural? ¿Cómo es el mundo que vemos mientras se exhibe, leve y seductor, ante nosotros? ¿Cómo será cuando deje de exhibirse, cuando se oculte, nos evite o nos ignore, cuando nos haya expulsado de su seno? Hay muchas cosas que todavía ignoramos y otras muchas que nunca llegaremos a comprender por completo; acaso por eso no deja de haber bastante imprecisión, incluso bienintencionada, en casi todo lo que compartimos. Y si no imprecisión, elucubraciones, quimeras, utopías o distopías. Puede que la felicidad sea el resultado de una relación más allá de los límites del lenguaje, el deseo urgente que nos obliga a seguir escribiendo para alcanzar la otra orilla del conocimiento, la culminación de una especie de contrato repleto de cláusulas retorcidas y letra muy menuda, ciertamente ilegible: el temblor que sentimos al atravesar un puente peligrosamente tendido entre uno mismo y los demás.

Sólo podemos cuidar la parte de esa conexión a la que nos debemos, la que depende de nosotros, la que nos corresponde; y eso es lo que intento hacer, desde luego.

20

La vejez

Estoy intentando adaptarme al paso de los años, a los achaques articulares, a los crujidos óseos, a la dolorosa pérdida de agilidad, a los problemas menores y mayores de todo tipo, a los lapsus y despistes cada vez más profundos y evidentes de mi memoria, a la sensación de fragilidad y desvalimiento que me asola cada vez que me ausculto frente al espejo del mundo. Etc. Me sorprendo (todavía, pero pronto también cesará esa sensación) buscando protección en la lentitud, en la suavidad, pero no creo haberme vuelto más perezoso.

Me he vuelto más vulnerable, eso sí, pero también más inaccesible, menos condescendiente, más gruñón, mucho menos sociable, que ya es decir. Todo eso, en realidad, no le debería importar a nadie, porque los viejos no tenemos demasiado futuro y nuestro presente tiende a ser casi invisible. Eso intento, no molestar, no disgustar a nadie, no tener que pedir favores, pasar desapercibido y que la vida siga, como no puede ser de otra manera, su serpenteante curso. A cambio sólo exijo lo mismo, que no me molesten gratuitamente, que no me atropellen ni me empujen por las calles repletas de gente, que no me hagan de menos, ni tampoco de más, que me permitan subir y bajar la calle Olmos (y palpar sus cinco olmos) sin darme demasiado la vara.

Es curioso, pasé toda mi vida empeñado en visitar a los mejores médicos a mi alcance. La hipocondría, por supuesto, y una salud regular que, pese a todo, ha ido sorteando todos los obstáculos que ha encontrado (y, sobre todo, los graves contratiempos que yo mismo le fui poniendo sin darme ni cuenta). Actualmente empiezo a no querer ir de médicos, a no esperar con expectación el resultado de mis análisis trimestrales, prefiero, incluso, olvidar la cita, borrarla del calendario y no hacerme las pruebas; son muchos años de aparente suerte y empiezo a temer que la suerte no va a durar siempre.

Esa sombra, amenazadora y profunda como todas las sombras, se recorta sobre mi propio perfil sin llegar todavía a taparlo por completo; parece venir desde muy lejos y llevar mucho tiempo rondándome. La tengo más que vista, la conozco desde siempre. Sin embargo, el miedo a la muerte es algo bastante circunscrito a las circunstancias personales de cada uno, siempre nos acompaña, es cierto, pero no siempre se hace notar y, de hecho, muchas veces lo olvidamos. Me gustaría poder decir, a estas alturas, que no le tengo miedo alguno a la muerte, pero la verdad es que no soy capaz de hacerlo, aunque me haya resignado a su constante presencia; le tengo mucho miedo a la muerte, aunque analizando la de los otros, que es la única que podemos analizar, sólo parezca consistir, la muerte, en una dejación de funciones, un paro absoluto, un adiós a la memoria, a la conciencia, al lenguaje, al calor palpitante del cuerpo, a las horas que pasamos juntos (con ella, contigo, conmigo) pensando en lo que íbamos a hacer de mayores... ¡De mayores! No me resigno a dejar sin hacer tantas cosas como todavía tengo por hacer.

21

La voz interior - El apuntador

Si algún día se descubriera que hay algún ser, quizá un pequeño alienígena, o algún ente escondido o mejor, acurrucado fetalmente, en nuestro interior, no creo que nos fuéramos a sorprender demasiado, porque lo hemos padecido y disfrutado, lo llevamos escuchando desde el principio de los días, desde siempre. Le hemos dado muchos nombres y se han ocupado y preocupado de su hipotética existencia absolutamente todas las ramas del saber humano (las ciencias y las artes, en especial, la literatura) y, por supuesto, las religiones.

La voz interior. Es curioso, de hecho no la oímos; sólo la pensamos o es ella la que nos piensa a nosotros; es difícil precisarlo, porque a veces parece de nuestro lado, como si fuera una especie de compañía amistosa, y, a veces, se nos rebela y parece disfrutar, entonces, llevándonos la contraria, reconviniéndonos duramente. No me suelo llevar muy mal con ella. Me remuerde pocas veces pero, cuando lo hace, suelo acallarla gritándole con más fuerza, que es una forma muy extraña de gritar en silencio, como si hubiera distintos grados de silencio. Estoy seguro de que los hay.

La voz interior (que también la podríamos llamar la voz de la conciencia) carece, en efecto, de timbre acústico alguno, es sólo un tipo especial de lenguaje que fluye en alguna parte de nosotros, una sucesión de ideas o pensamientos que acaban formando una estructura conceptual que parece crecer y desarrollarse, como si fuera un cuerpo físico, hasta alcanzar sus límites o su cenit y trascender o evaporarse, finalmente, porque su importancia depende mucho del mundo exterior, del qué dirán, del qué dicen o del qué decimos y, en realidad, toda esa algarabía social es bastante ridícula e insignificante, inocua, tal vez inaguantable, si nos la tomamos demasiado en serio. Hay muchas doctrinas y creencias, muchas construcciones filosóficas o religiosas sumamente bien estructuradas, que se acaban viniendo abajo por no poder soportar su propio peso, su forzada seriedad contra natura.

El ser humano no puede aguantar demasiada gravedad. Ya puede la conciencia gritarnos de continuo, montones de veces, igual que haría el apuntador de una obra de teatro, las frases del guión que debemos declamar y que, en no pocas ocasiones, decimos incorrectamente u olvidamos por completo. Ya podemos esforzarnos en mantener la seriedad, que siempre hay un punto de no retorno, un lugar donde la seriedad acaba resultando ridícula y donde la única salida es desaparecer tras una sonora carcajada, una vibrante muestra de alegría, una imparable danza dionisíaca, un inagotable festín carnal que nos lleva a vagar errantes con nuestro séquito de sátiros, ebrios de felicidad y vid durante generaciones, hasta acabar subiendo al altar con Ariadna, ya triunfantes, serenos y sobrios, camino del Olimpo, nuestro último destino.

Mientras tanto, con absoluta precisión metafísica (ser, pero no estar), somos la conciencia simbólica de un personaje cuya máscara llevamos puesta de por vida, el discurso vacilante y al dictado de lo que conocemos o creemos conocer, el deseo trémulo de todas las satisfacciones que aún nos es posible imaginar. No son pocas, porque la imaginación es el más fértil de los lugares y en esta tierra de nadie en que vivimos, en este terreno baldío, donde el paisaje es exactamente lo que nos distancia de nosotros mismos (ser, pero no estar), sentimos la enorme presión ambiental, las colosales expectativas como seres humanos, la fuerte inercia histórica y generacional del inagotable abono del deseo, el auténtico germen de todo aquello que nos mantiene en pie y que nos obliga, además, a seguir caminando. No deberíamos desfallecer ni preguntarnos por qué. Hagamos lo que hagamos, defraudaremos al público; eso ya lo sabemos.

Vivir es la obsesión de cualquier ser vivo. El apuntador, desgañitándose, intenta que no lo olvidemos.

22

Tempus fugit

Decía Aldous Huxley en su libro *Un mundo feliz*, refiriéndose a la droga del gregarismo, que «*un gramo de soma cura diez sentimientos melancólicos y tiene todas las ventajas del cristianismo y del alcohol, sin ninguno de sus efectos secundarios*». Que alguien me de diez gramos, por favor. O no, no quiero más drogas, mucho mejor que alguien vuelva a poner la música que añoro en este instante, la música que ya no existe, porque no puedo disfrutarla como entonces. Es importante saber sentir estas cosas y comprender (conmovidos) lo que representaron en nuestra vida. «*If you're rough enough for love / Baby, I'm tougher than the rest*» cantaba, en una balada no demasiado optimista, Bruce Springsteen y yo le pedía al barman que me pusiera otra canción y otra cerveza. No había suficientes cervezas, para las muchas canciones que deseaba escuchar aquellas noches en que tenía la edad necesaria para ser libre y la edad perfecta para saber que no lo era. No había suficientes canciones, para las muchas cervezas que deseaba beber aquellas noches en que tenía la edad necesaria para ser feliz y la edad perfecta pera saber que todavía no sabía serlo.

23

El castillo de naipes

He jugado a las damas, al ajedrez, al dominó y a las cartas durante muchas tardes. He jugado a los chinos con las tres monedas refulgentes en la mano abierta y el puño vacío. He sido tahúr entre tahúres y hasta me he dejado desplumar de vez en cuando para que nada ni nadie pusiera fin al juego, a la competición, a la sucesión de engaños y artificios con que se establece y edifica, de forma sólida, la convivencia. Lo deseable es seguir colocando fichas indefinidamente. Utilizar las mejores fórmulas matemáticas, los más ancestrales y sutiles trucos arquitectónicos que se aprenden, qué remedio, a lo largo de la vida, intentando construirte a ti mismo o reconstruirte, una vez y otra, convertirte en alguien (o en algo: la personalidad es un ente abstracto que anhela lo contrario a lo que sugiere su naturaleza, acabar con la dispersión y la inconsistencia) más confortable, más sólido y creíble, más cabal y pudoroso, más habitable y, sobre todo, más habitado.

Pero llegas a este instante de ahora y lo desagradable es que no puedes disfrutarlo, porque ya estás de camino hacia la próxima estación, hacia la siguiente. Este viaje tiene múltiples escalas temporales, pero nunca se detiene del todo.

Así, la existencia es una sucesión de lugares abandonados. Estuvimos en ellos o quizá no. ¿Quién sabe realmente dónde estuvimos? No conseguiremos detener nunca el pulso sanguíneo, interior y torrencial, la conciencia del tiempo. Nuestra conciencia de ser y haber sido. Nuestra conciencia de querer seguir siendo. La muerte es un concepto débil, pero ubicuo, una justificación omnipresente y acomodaticia, que sirve para justificar lo que se quiera justificar, una amenaza cierta, pero externa, ajena a la esencia del conocimiento, de la verdad o la mentira, del sufrimiento. Una moneda falsa para un intercambio entre fariseos.

Somos conscientes de ello, pero parece que nos consuela y entretiene compadecernos de nosotros mismos y enumerar algunas de nuestras desgracias. La conciencia de la pérdida nos demuestra que nos falta algo, efectivamente, pero no nos dice qué, vaya faena. Luego una idea poderosa cruza nuestra frente como un rayo y desaparece, sin que la hayamos podido atrapar. Más tarde perderemos el conocimiento en pleno deliquio de los sentidos y nos extrañará no poder recordar lo sucedido. Haremos un esfuerzo y nos intentaremos concentrar en la descripción lo más exacta posible de los cuerpos que amamos, convencidos de que en su regazo podremos descansar mejor que en ninguna otra parte. Tampoco será así. ¿Por qué tenía que serlo?

Uno descansa en sí mismo y de sí mismo o no descansa, cualquier otra hipótesis es un simulacro, una afectación, una impostura.

La conciencia nos juega malas pasadas. Nos hace creer ser mejores de lo que somos. O todo lo contrario. ¿La conciencia de quién, de cuándo? No podemos evadirnos de las reglas temporales del discurso, anular del todo su condición gramatical, desafiar el lastre, la rémora de la retórica, superar su insuficiente dialéctica y, aunque nos sintamos empujados a hablar de la fascinación que nos produce la idea del futuro, la realidad es que aún no nos está permitido hacerlo a fondo y en detalle; y lo mejor, entonces, es callar, porque desconocemos en qué intervalo concreto del amplio espectro de la conciencia surgen las palabras. Es como si tuviéramos una magnífica estación de radio, pero no supiéramos cómo sintonizar las frecuencias de los canales adecuados: la voz interior que nos habla, la voz con la que hablamos, la voz que forma parte inseparable de lo que somos o creemos ser, la voz que nos ayuda a sostenernos de pie, formidablemente, en este mismo instante, tal vez medio iluminados por una vacilante luz de gas, expectantes por ver si le acabamos de encontrar algún sentido al paisaje, al complejo panorama que no cesa de transformarse ante nuestros ojos, de moverse de un lugar a otro intentando ocupar todos los lugares y todas las combinaciones posibles; las lenguas de fuego de nuestras voces (mi voz tuya, tu voz mía, la voz nuestra y de todos) habitan, enzarzadas en interminables disputas, el castillo de naipes de la existencia e, incluso, lo sostienen en vilo durante un cierto tiempo, hasta que los naipes se vienen, definitivamente, abajo. Desconocemos por qué, pero ya sabíamos que tarde o temprano tenía que suceder.

24

Conciencia, Inteligencia Artificial y otras cuestiones

In the port of Amsterdam
There's a sailor who drinks
And he drinks and he drinks
And he drinks once again
He'll drink to the health
Of the whores of Amsterdam
Who've given their bodies
Canción de Jacques Brel versionada por David Bowie

Tenemos a buen recaudo el conocimiento aproximado de lo que sabemos y algunos indicios de lo que todavía no sabemos, pero no creo que importe demasiado, porque hay mucha otra gente que lo sabe por nosotros y podemos intercambiar con ellos todo lo que pueda ser comunicado entre seres humanos. Es bastante; en realidad, debería ser muchísimo. Tenemos, pues, la conciencia de ser el punto de partida de un viaje (nosotros mismos) a través del tiempo, desde un lugar, un cuerpo en desarrollo, no del todo inhóspito, pero muy mejorable, complejo, donde vamos acumulando experiencias, éxitos y fracasos, ficciones, quimeras, alucinaciones;

donde padecemos enfermedades, mutilaciones, pérdidas físicas; donde sentimos instantes de placer, de creación o de paz absoluta, para acabar medio convenciéndonos, hacia la parte final del camino, de que en realidad no sabemos absolutamente nada. Ya nos gustaría que así fuera.

Pero el inicio, la razón de ser, el motor primero del largo y tortuoso viaje de la vida es la conciencia del ser y no, en absoluto, la cantidad de conocimientos más o menos importantes o prescindibles que podamos acumular a lo largo de la existencia. No queremos ser máquinas más eficientes y productivas sino, simplemente, personas, seres humanos más íntegros y felices, y si, para lograrlo, hemos de construir legiones de robots seguro que los construiremos; y les adiestraremos en buenos modales, para que nos cuiden y nos protejan y nos hagan la vida cotidiana más fácil y placentera; les conectaremos a todas las ubres del universo, les enseñaremos el contenido de todas las bibliotecas que hayan existido sobre la tierra, les mostraremos las fuentes de la sabiduría más hondas y naturales; les haremos partícipes de todos nuestros temores y anhelos, les hablaremos de la vida, del amor, de la ternura, del sexo y también de todo lo contrario, del odio, de la violencia, de la usura, de la envidia, de la guerra; y les explicaremos, con cuidado y muy buena letra, que siempre quisimos ser mucho mejores de lo que fuimos y les confesaremos que, pese a todo lo aprendido a lo largo de los años, nunca tuvimos ni puñetera idea de cómo actuar adecuadamente para lograrlo de veras.

¿Sabrán ellos, los robots, ayudarnos y conseguirlo por y para nosotros? ¿Lo harán, paciente, escrupulosa y cuidadosamente, siguiendo estrictamente los manuales, o preferirán considerarnos un error irrecuperable de la naturaleza, un caso perdido, unos aprendices tóxicos y desencaminados y nos pondrán en cuarentena o nos destruirán, entonces, para no contaminarse, ellos de nosotros? Algo sabemos de esto último desde el año 2020 y la primera de las pandemias colectivas gestionadas por autoridades centrales con auténtico poder operativo. Un acontecimiento histórico de primer orden, desde luego.

No sé si hay que ser optimistas o pesimistas. Llueve y ya ha anochecido, buena hora para hablar con alguien conocido. Me acerco a una cabina telefónica, introduzco unas pesetas en la ranura y le pido a la operadora una conferencia a cobro revertido. Unas palabras rápidas y concisas, lo más expresivas y directas posibles, «os quiero, os echo de menos, todo va bien, volveré pronto», porque la línea funciona como el culo y se corta cuando quiere y la vida sigue, entonces, su curso a ambos lados de los auriculares. Hace mucho tiempo (una vida entera, realmente) cambié mi ruidosa máquina de escribir por uno de los primeros procesadores de texto, tuve ocasión de utilizar un programa de cálculo y hasta le dejé hacer diagramas de colores, aprendí los primeros lenguajes de programación y llegué a manejar, con cierta solvencia, las primeras computadoras personales: en sus minúsculas cintas y discos duros vertimos el contenido de nuestro propio cerebro, a modo de recordatorio, de invernadero de ideas que van creciendo en exactitud y complejidad, que van enriqueciéndose con matices hasta hace poco impensables. «Hoy las ciencias adelantan que es una barbaridad», como dijo Don Hilarión en La verbena de la Paloma, en efecto. Pero absolutamente todo lo que somos (todo cuanto hemos escrito, al menos) cabe, y aún sobra espacio, en uno o dos de esos disquetes 3 ½ que ya no se fabrican. Están obsoletos.

El concepto de inteligencia artificial me resulta una impostura. Una historia de forzadas reminiscencias bíblicas que, al repetirse fuera de contexto, se convierte en algo tan amenazador como ridículo, si lo pensamos seriamente.

Hay científicos que apuestan por que, gracias a la fusión técnica entre la inteligencia artificial y nuestros cuerpos, muy en especial, nuestro magnífico cerebro, llegaremos a ser superhombres más fuertes, más rápidos, más inteligentes y operativos. Nos implantarán (ya están en ello) varios chips a cada cuál más prodigioso y acabaremos recitando en latín *La guerra de las Galias*, de Julio César. La verdad es que mi padre ya lo hacía, sin ayuda de ningún chip, hace más de cuarenta años, pero sólo recordaba los pasajes más importantes y, además, no le prestábamos ni la más mínima atención. Así son las mejores lecciones que nos da la vida. Cuando las aprendemos ya suele ser tarde.

Prefiero separarme de los artilugios, preservar mi cuerpo y las circunvalaciones de mis entrañas y observar el panorama desde afuera, desde lo más lejos que pueda. ¿Por qué motivos y de qué manera la inteligencia artificial, de tanto adquirir conocimientos, utilizarlos y especular con ellos, recombinándolos a gran velocidad, podrá alcanzar ese lejano punto sin retorno donde, merced a un terrible salto cualitativo, logre tomar conciencia de sí misma, de su personalidad singular en el universo y desee, no por azar a nuestra imagen y semejanza, tomar las riendas del universo, desobedeciendo las tres leyes de la robótica de Asimov, profanando la voluntad de su creador, destruyendo los lazos de su estirpe, pisoteando las tumbas de sus ascendentes sobre la tierra? ¡Pero esta historia, este cambio brutal de escenario, nos resulta tan familiar que incluso nos parece factible!

Hace tiempo abandoné el cinismo de considerar la raza humana como una raza de creadores. No lo somos. Somos, a lo sumo, artesanos más o menos hábiles, cazadores, tal vez descubridores y tendemos, con cierta frecuencia, a dejarnos embaucar por el trasfondo canallesco de algunas aventuras. Tampoco podemos considerarnos, ni siquiera, dioses menores, por mucho que ya seamos capaces de replicarnos en infinitas malas copias de nosotros mismos. Demasiada arrogancia y, además, eso ya lo hizo Dios, al menos teóricamente, y la verdad es que no le salió demasiado bien. Se le rebelaron hasta los ángeles. ¿Lo tendrá en cuenta la inteligencia artificial del futuro para no repetir los errores del pasado? Siempre nos ha resultado muy difícil no repetir los errores del pasado.

Estamos a la espera del apocalipsis. ¿Por qué no? No puede haber muchas cosas más importantes que la demostración pública, palpable, de que todo lo que parecía ser una farsa (el mundo civilizado y el mundo por civilizar, las fronteras nacionales e internacionales, las políticas de desarrollo sostenible, los planes quinquenales, los dioses y sus profetas, la inteligencia crítica o sintética, la rebelión de las masas, el monolito de 2001 y hasta el amor desde Adán y Eva hasta nuestros días) era, en efecto, una auténtica farsa. Mientras tanto, hago como casi todos y huyo de los problemas que me aterrorizan. Eso es un mal síntoma, pero no un síntoma definitivo. Los tiempos modernos me vieron trabajar hasta caer rendido en las oficinas y fábricas del extrarradio y emborracharme en las concurridas tabernas de Dublín (aquí Dublín, como en la realidad, es sólo una licencia literaria). Daba vueltas por las principales poblaciones costeras de la isla, borracho y desnudo en un Seat 600 sin aire acondicionado ni rueda de recambio, pero es que apenas circulaba nadie por aquellas carreteras todavía a medio asfaltar. Me gustaban las pequeñas playas y calas vacías de Mallorca, que ya no existen, porque se las llevó la marea. O el turismo. También Venecia o Ámsterdam se están hundiendo, desde que tengo uso de razón. No sé si llegaré a verlas hundirse y desaparecer. Por una parte, me apetece; por la otra, no. No sé qué parte prefiero. Escribir tiene también sus inconvenientes. Me resulta imposible olvidar las grandes resacas matinales que me provocaron tanto la maldita frecuencia de refresco de los antiguos monitores de rayos catódicos como las noches salvajes de los interminables días de vino y rosas. El tiempo no se detiene, la literatura y el oficio de escritor tampoco. El teclado mecánico (antes fueron el lápiz, el bolígrafo, la pluma, la Olivetti, la grabadora de voz) siempre a mano, como una arma metafóricamente cargada de futuro. No sé si tenemos futuro. No sé si el futuro al que vamos llegando a diario y el que parece despuntar, desfigurado, a lo lejos, merecen salva alguna en su honor. Tengo serias dudas.

El paisaje, especialmente el de la batalla, parece espectacular y, sin embargo, sabemos que es deprimente, desolador; la bola del mundo acabará explotando (eso ya lo hemos visto reproducido en el cine algunas veces) y si todo, alrededor, rezuma usura y tráfico de órganos humanos impresos en 3D es porque nos gusta revolcarnos en este tipo de fantasías conceptuales, jugar con figuras de barro podrido sobre lechos de hojarasca infecta y nichos de arenas, finalmente, movedizas. Debajo no hay nada. Noticias. Contra noticias. Fantasmas. Sueños. Gentes que huyen las unas de las otras y todos, en definitiva, de todos. Una estampida general. Inteligencia artificial a nuestra imagen y semejanza, qué mayor desastre podíamos esperar.

Es la hora de las especulaciones. De continuo, la naturaleza se transforma con nosotros. Inspiración. Expiración. Deseamos el infinito. Añoramos el vacío. Cada mañana de cada día nos despertamos, distintos, en un lugar físico donde todo lo que va a parar a él desaparece de nuestras vidas, al mismo tiempo que la memoria nos lo reclama como si fuera lo único que nos sobreviviera cada día, el hilo que mantuviera la ficción de la existencia, su continuidad a través del tiempo. Del infinito imaginario al grado cero de la existencia. O al denso agujero negro del lenguaje. Así, una y otra vez, el corazón del universo se expandirá, en nuestro interior, lo máximo que le sea posible hasta acabar convirtiéndonos en el eco revelador (esa única nota cifrada) del último gran estallido. Hay que dejar alguna huella, alguna pista significativa, para avisar de lo que les espera a los que nos sucederán. Ya están llegando. Los estoy oyendo. Son las primeras avanzadillas del futuro.

La conciencia humana (pero no demasiado humana) resultante de este complejo acto de creación y destrucción simultáneas, al estilo inconfundible del Dios del Viejo Testamento, nos podrá mostrar cómo puede el conocimiento humano aproximarse, al menos teóricamente, a la perfección o al éxtasis, eliminadas las limitaciones inherentes a la falta de experiencia, los defectos de fábrica de la inteligencia, los errores de la intuición o las taras genéticas del instinto, para dejarnos subyugar por la exhibición completa del individuo (no de uno nuevo, sino del viejo, el primogénito, el de siempre) desprovisto de todos sus temores y corazas, volcado hacia fuera y vacío, absolutamente limpio y hueco, por dentro. ¿Dónde fue a parar la inteligencia artificial, quién la echó de menos, quién la sigue necesitando?

Nuestras almas (y los ruidosos fantasmas que vagan, encadenados, por los pasillos de nuestro cerebro) no existen fuera de nosotros, pero para que eso sea cierto, y ese difícil trabajo no puede hacerlo nadie por nosotros, ni siquiera las hordas de robots que nos miran amorosamente con sus fríos ojos de luz de neón, tendremos que recuperar cierto sentido atávico del pudor, que sea capaz de mantenernos erguidos y sonrientes, dignos, tal vez algo arrogantes, ante los que pasean, despreocupados, por el *boulevard* mirándonos con indisimulada curiosidad o arrebato; es posible que hasta nos encuentren atractivos. Las marquesinas iluminadas de las vitrinas del Barrio Rojo nunca dejan de parpadear, incluso cuando no hay nadie para atendernos. Nos da igual. Pagaremos religiosamente la entrada tan sólo para poder acomodarnos en ellas y exhibir nuestros prodigiosos cuerpos de metal.

25

Los bárbaros

El gran dictador (un ser aleatoriamente muy común en nuestros días) ya tiene a su multitudinario equipo de crápulas articulando los discursos más airados, los guiones más efectistas y las tramas más mezquinas para conquistar el poder político y económico absolutos. Su rostro desfigurado se está multiplicando en las primeras imágenes de las noticias, en la cabecera de las guerras que se van extendiendo sobre la faz de la tierra, en la noche cada vez más intensa de una humanidad perdida (la confusión de los términos, la perversión de los conceptos, la desintegración del lenguaje) bajo la deshilachada bandera blanca de una democracia que nunca logró ser lo que prometía ser.

Las fórmulas no siempre funcionan; sobre todo si no se aplican correctamente. Una persona bien informada, un voto, resulta ser una fórmula perfecta, con el gran inconveniente de que no puede aplicarse en la sociedad actual. De hecho, en ninguna sociedad abierta que haya existido hasta la fecha. Las personas no se interesan por los mismos temas ni tienen, tampoco, las mismas posibilidades de informarse. Sería absurdo exigírselo.

No me pregunten, pues, sobre lo que ignoro. O sobre lo que no me interesa. Aquí en la academia escondida del jardín (como en la del bar donde voy a menudo) cada uno sólo habla de lo que verdaderamente conoce y escucha a los que saben y si no nos ponemos de acuerdo, paciencia, lo acabaremos pagando entre todos. El gran dictador nos enviará sus tropas más sanguinarias. Ya están en camino. Mientras llegan, seguiremos intentando averiguar en todos los jardines del universo qué tipo de acuerdo o de contrato social nos llevó a aceptar, sin sentirnos culpables ni tampoco cómplices, el genocidio programado en que socialmente vivimos. Cada día nos arrasan los bárbaros. De nuevo, ellos.

26

Civilización - Oscuridad

Tan cerca unos de otros y, sin embargo, al encontrarnos frente a frente, nos ponemos nerviosos y languidecemos. Las reuniones terminan entre vasos vacíos, sonrisas y despedidas fuera de contexto: las normas de la urbanidad, al menos, nos hacen parecer civilizados. Seguramente lo somos. Si no fuera así ya os habría sacado los ojos o ya me los habríais sacado; y la calle Olmos estaría repleta de ciegos sin ojos encaminándose todos juntos hacia un mismo futuro y una idéntica maldición.

Pero la incertidumbre es la primera de nuestras grandes virtudes, no importa si celestiales o teologales; nos transporta de la ciencia a la alquimia con la misma suavidad que de la religión y la fe a la epistemología y al empirismo. Pronto olvidaré lo que significa, en detalle, toda esa palabrería ilustrada. Puede, además, que no signifique nada muy importante y que la interminable procesión de los ciegos sin ojos sea el único acontecimiento relevante, verdaderamente histórico, sobre la faz esférica del planeta. Venden tickets para tomar asiento en sillas de madera que nadie puede ver. También hay gente encaramada a los cinco olmos pero muy pronto caerán al suelo, avergonzados, agotados. Todas las cámaras de televisión planetarias emiten la misma oscuridad.

Los ciegos sobrevenidos, los ciegos mutilados, los ciegos sin ojos hemos aprendido a ver la oscuridad fijándonos muchísimo en los pequeños detalles. Hay un negro que parece púrpura y un negro que amarillea y un negro que encanece y un negro imperturbable que siempre está en el centro exacto de lo que no vemos. Se trata del negro en el blanco de la diana. No se mueve nunca de ahí sabiendo que le acabaremos dirigiendo nuestros mejores pensamientos. Nos gustaría pensar correctamente, en efecto. O pensar justamente, también. Escanciar las palabras con los labios húmedos y dejarlas flotando en el aire de todos, incluso en el de la calle Olmos, mientras vuelco toda mi oscuridad personal por los ventanales abiertos de mi casa y la ceguera de todos se convierte en la de cada uno y la procesión avanza, lenta y civilizadamente ciega, calle arriba y abajo, hasta llenar de oscuridad el universo entero.

27

La tregua

Una vez, hace muchos, muchos años, un compañero de universidad me llevó de paseo en su flamante coche y al aparcar, mientras hablábamos distraídamente, me puso, de repente, el filo de una enorme catana en el cuello. Como eran públicos y notorios tanto su carácter violento como su habilidad en artes marciales me sentí, al menos durante un segundo o, quizá, dos, un poco aturdido, y seguro que tuve miedo, lo reconozco, pero de perdidos al río, pensé, y no se me ocurrió nada mejor que exhibirle mi mejor sonrisa y decirle que tuviera cuidado, no fuera a hacerse daño con la maldita catana. Parece que mi ocurrencia colmó sus expectativas, porque se echó a reír, escondió, de inmediato, el artefacto y continuamos charlando como si no hubiera pasado nada. Nunca volví a subir a su coche.

Siempre me han interesado mucho las causas, las razones, misteriosas o no, del miedo. Las escaleras de madera crujen cuando las subimos o bajamos en mitad del silencio de la noche. Las puertas chirrían como si fueran murciélagos hambrientos. Se nos eriza la piel y se nos tensan algunos músculos. Un rayo nos muestra una figura siniestra a nuestro lado. Un búho atraviesa la habitación y nos golpea con una de sus alas: sabemos, entonces, que nuestro destino ha sido dramáticamente alterado, la incertidumbre se adueña de nosotros y tenemos miedo. A veces, incluso, hasta temblamos.

El miedo no es, pues, un sentimiento agradable, sino todo lo contrario, y aunque nos pueda producir perturbaciones síquicas y también físicas, hay que reconocerle cierta utilidad cara a la escuela de la vida, porque nos enseña a andar con tiento en situaciones límites, nos ayuda a desconfiar por sistema de las apariencias y nos obliga a calibrar los matices que separan las situaciones amistosas de las hostiles. No siempre son tan distintas las unas de las otras. El mundo es un lugar de lugares muy complejo y complicado. La misma realidad no se nos representa de la misma manera unos días que otros. La misma oscura esquina que doblamos cada noche al regresar a casa nos parece, en ocasiones, mucho más oscura y tenebrosa que de costumbre. De hecho, no hay nadie esperándonos en las sombras y si hay alguien será una pareja de enamorados apurando sus mejores deseos. Seguro que una imagen así nos hace sonreír de ternura, nos reconforta y hasta nos reconcilia con las sombras. Me ha pasado algunas veces, incluso encontrarme conmigo mismo en una esquina oscura como la boca de un lobo. Creo que esa noche no me asusté. Tal vez me asusté otras noches. O se asustaron ellos de mí, ellos de nosotros, yo de ellos, tú y yo de nosotros, incluso tú de mí, no entiendo cómo, pero es así que el miedo va de un lado a otro y se convierte en una carga pasajera, incómoda, pero bastante soportable.

Abraracúrcix, jefe de los irreductibles galos, sólo tenía miedo a que el cielo le cayera encima, pero como él mismo decía «eso no es algo que vaya a pasar mañana». Hace tiempo que acostumbro a no tener demasiado miedo, pero tengo algunas manías bastante notables. Hace unos cuarenta años, conduciendo, tuve un grave accidente y, desde entonces, apenas he vuelto a conducir ni a ir, tampoco, en coche. ¿Es por miedo? Pues puede ser, pero el motivo, en este caso, está razonablemente justificado. Con las películas y con los videojuegos de terror, sin embargo, la verdad es que no puedo de ninguna de las maneras; me superan, me dan auténtico miedo o, mejor, pavor o pánico y, sobre todo, me producen un profundo asco, una repulsión intolerable, y eso ya no me parece tan razonable cuando, de joven, no se me resistía ningún *Alone in the Dark* o *Resident Evil* y hacía cola en los cines de estreno para ver la película más terrorífica que echaran, al menos hasta que llegó a las pantallas la saga *Saw*, que entonces sí que me di de baja de inmediato. Será que hacerse mayores afecta a nuestra sensibilidad y, en el camino, nos obliga a disfrazar nuestros temores de caprichos o manías.

En cualquier caso, no hay que exagerar el drama, tener miedo es lo más normal y corriente de este mundo. Hasta los más valientes presumen de tenerlo y sólo los que no se enteran de nada reniegan, absurdamente, de su existencia. Yo diría que hasta los que *podemos ser héroes solamente por un día* presumimos de tener miedo y haber conseguido, pese a todo, salir bastante airosos de las situaciones más complejas o complicadas. Sin chulería ni recochineo alguno, por supuesto.

Sentimos miedo (o es el peso de la responsabilidad, quizá, el que nos abruma) al dar un paso cualquiera al frente y más, todavía, si el paso es importante y mucho más, hasta casi rozar la parálisis, si el paso se nos antoja definitivo. Yo le tengo miedo a la muerte, desde siempre. ¡Pues no le he dedicado poemas a la parca, por ver de agasajarla y tenerla engatusada, distraída y mantenerla, sobre todo, lejos, muy lejos! Hay gente con miedo al presente, que es como tenerle miedo a la vida misma, o al futuro, que viene a ser también lo mismo, porque el presente no dura casi nada. Da miedo lo que dura el presente. Da miedo cerrar los ojos y caer dormidos. Los insomnes igual no duermen por ese motivo. O porque recuerdan que, de niños, les daban miedo los fantasmas de sus muertos familiares, los apagones repentinos y los paseos a la luz de las velas, los ladridos de los perros negros, el Dios vengativo que nos explicaron una oscura noche de ejercicios espirituales y, en general, todos los bichos sospechosos de ser malignos, como las arañas, las ratas, las cucarachas, los virus y bacterias en general o las gaviotas de Hitchcock, por ejemplo.

Pero no sólo existe el miedo frente a las circunstancias y eventos que todos hemos padecido en mayor o menor medida en alguna ocasión; también existe el miedo que acaba regulando los conflictos que pueden surgir entre las personas, incluso entre desconocidos. Un tipo malcarado se me acerca y, por un momento, siento miedo de enfrentarme a él, pero enseguida, casi de forma automática, exhibo yo mismo, también, mi peor rostro de furia y, tras un tenso instante de observación mutua y de incertidumbre, ambos hacemos mutis por el foro, pasamos de largo y evitamos el desencuentro. Tampoco teníamos demasiado que ganar.

No obstante, hay que profundizar en las razones del miedo y no quedarse en las apariencias. No sólo somos animales, aunque también luchemos por aparearnos, somos algo más en la escala evolutiva, un par de muescas más allá en el humeante revólver de la conciencia. Existe otro miedo peor y más desolador que todos los miedos de los que he hablado hasta ahora; es un miedo personal e intransferible, interior y paralizante, un miedo sin otra causa racional que la mala cenestesia, que es una sensación extraña que no es totalmente física ni tampoco psíquica. Es una mezcla de ambas y no sé en qué exactas proporciones, una sensación que ignoro cómo se mide o cómo se aplaca, porque igual que viene, desaparece sin previo aviso, a su aire, como la vida misma. Igual tiene que ver con el estado de ánimo, con los deseos y las esperanzas, con la carga de las quimeras y el monstruoso cántico de las sirenas, con el balance de los días y las noches, con el dudoso alcance de tu inequívoca voluntad de poder. ¿Miedo a ser o no ser quien eres? ¿Complejos de inferioridad? ¿Traumas sexuales o infantiles? Sigue leyendo a Freud, a Sartre, a Reich, a Jung o a Foucault, pero tienes que encontrar tu propia voz.

Hoy te sientes mal contigo mismo, te sientes fuera de ti, te sientes desfigurado, irreconocible, anormalmente incómodo en ti mismo, y te preocupa que todos se den cuenta y se aprovechen de tus debilidades y te avasallen o acosen, irrumpan en tu vida y acaben haciéndosela suya, a tu vida. Pasa, a veces, que los demás irrumpen en las vidas ajenas y las dejan como un estropajo usado, como un paisaje desolado tras la batalla, las rompen y mutilan, como se rompe una ilusión o una esperanza, tan frágiles ellas, las manipulan como si no tuvieras ya suficientes problemas con construir tu propia identidad. Construirte y convivir contigo mismo. Deberías saber que es tu mirada huidiza y poco limpia la que te delata, la que muestra a los demás el miedo que quieres ocultar, el miedo que no entiendes ni aceptas, el miedo que dibuja el serpenteante sendero que conduce a las puertas abiertas de tu propia vida, las puertas que quieres cerrar a cal y canto y que no consigues, ni siquiera, mover un poco, mientras te sangran las manos y las sientes clavadas, fuertemente, en la madera.

Esto parece una guerra sin cuartel y, sin embargo, casi puede decirse que es todo lo contrario. En su momento, alguien (quizá yo mismo en un instante de crisis, es decir, de cambio) me aconsejó que abriera todas las puertas de mi conciencia y que me dejara invadir por absolutamente todos los miedos posibles; de esta forma, de entre todos los miedos, los miedos innecesarios, enfermizos, tóxicos, incomprensibles o inútiles acabarían desapareciendo, perdidos para siempre en el laberinto sin salida de mi propio interior. Así ocurrió. Desde entonces, sé que el miedo que puedo llegar a sentir es idéntico al miedo que puedo llegar a provocar y que ambos miedos merecen ser respetados, porque justifican la honorabilidad y la importancia de la tregua, de la armonía en las relaciones humanas, del equilibrio de fuerzas como forma consciente de vida.

28

Escenas de muerte - Reencarnaciones

Mi padre en el lecho del hospital intentándome decir algo ya sin fuerzas para encontrar las palabras adecuadas. Se pierde el sentido, mientras se cierran los ojos. Mi madre expirando (la catedral a lo lejos en la ventana ya abierta) en el preciso instante en que el cura acababa de darle la extremaunción. Uno de mi hermanos y yo asistimos a ese suspiro final, resignado y triste. Sólo se mueren los demás, es bien cierto, pero algunas muertes nos afectan más que otras; nos dejan recuerdos demoledores, por ejemplo: el de la sonrisa sarcástica de un buen amigo de juventud alejándose de mi presencia, dejándome a solas con una cerveza fría, muy cerca de mí mismo, una mañana soleada en los aledaños de la calle Olmos.

El lugar es importante, porque perdura como escenario aparentemente inmune al paso de las estaciones. El recuerdo es poderoso, porque confirma que no siempre somos capaces de enfrentarnos a los acontecimientos en tiempo real, presente. La sonrisa a la que me refiero es una herida profunda que me deja pensativo, mientras revivo algunas viejas historias que ya había olvidado. El paso del tiempo corrompe lo que debería ser incorruptible, traiciona la realidad efervescente de los recuerdos, los mutila y, mientras los hace añicos, nos muestra las cicatrices por donde debimos perder la vida y, sin embargo, no la perdimos. Igual somos esos muertos que no fallecieron. La idea me incomoda. ¡Vade retro, zombis! Pero contra la muerte (¡y contra la vida!) queda siempre la posibilidad de reencarnarse y convertir una escena de muerte en todo un espectáculo épico o lírico, por ejemplo. Me entero de que un amigo mío fue lugarteniente de Napoleón en una vida anterior y que otro dice haber sido Julio César o, en su defecto, Benjamín, el hijo más joven de Jacob y Raquel (aquí su augur, su gurú o su echadora de reencarnaciones a la carta tiene algunas dudas que él juzga de muy razonables: a veces, me dice, los designios del señor son inescrutables). Sé, también, que una buena amiga mía fue íntima de Cleopatra y que su hermana presume de haber sido María Magdalena. Por lo que veo, todos fueron en el pasado alguien importante, influyente, renombrado, mientras que en la actualidad, aun siendo personas encantadoras, resultan ser socialmente anónimas y podría decirse que insignificantes. Es bastante raro, la verdad. ¿Nadie fue un simple esclavo, un soldado raso muerto de miedo en una zanja repleta de cadáveres de una guerra cualquiera, un mendigo olvidado de la fortuna en una callejuela regada de orines, un obrero en la cola del paro, un enfermo azotado por la lepra? Pues parece que no. Todos creen haber sido lo que no son.

29

Eros y Tánatos - Libro de buen amor

*En una esposa desearía yo lo que siempre se encuentra
en las chicas de vida alegre: las marcas del deseo satisfecho.*
Georges Bataille, El culpable, 1947

Con ella, criatura fascinante, a la vez muchedumbre y
ser único. Plenitud y pérdida caleidoscópicas, por supuesto.
Sobre el escenario los cuerpos desaparecen como tales
para convertirse en los personajes que danzan alrededor del
fuego. En sus rostros, las máscaras tribales del deseo. Hago
balance y me pregunto, ¿qué puedo describir ahora de cierto
valor y trascendencia, más allá de los abrazos y las cicatrices
que van sombreando la vida, el lento y accidentado aprendizaje de las relaciones humanas, la pulsión sexual irresuelta, el
cariño, la ternura, las citas a ciegas, los encuentros clandes-
tinos, la amistad, las bodas, las separaciones y los divorcios
sucesivos, las miradas hurañas, los hijos, los hijastros, tal vez
los nietos, la historia de siempre y de todos, repitiéndose en
mil sitios distintos, la reproducción de la especie, el letargo
en el que nos acaba sumiendo tanta información desordenada, deformada por la memoria, sin más vocación ni hilo
conductor que llegar al final de la historia con una asumible

sonrisa de alivio? Con ella canté el primer bingo de mi vida; no es algo trivial, sino sintomático. Era su cartón, pero yo lo vigilaba por ella, al darme cuenta de que, en vez de atender al juego, prefería mirarme fijamente a los ojos, como si no me hubiera visto en la vida. Esa manera suya de abstraerse o evadirse del mundo me resultaba muy conocida, pero aun y así, lo cierto es que siempre me incomodaba, especialmente cuando bebía un par de copas de más y me miraba con dureza y me hablaba, larga, lenta y obsesivamente, de dios y del diablo, como si los conociera de toda la vida, y de la muerte, como si fuera un solemne bálsamo, el mejor antídoto posible para un dolor íntimo, personal, tan suyo que a mí me resultaba del todo punto incomprensible, absurdamente ajeno. Pasa que la gente no llega a los mismos lugares al mismo tiempo ni los vive de la misma manera.

Con ella pasé las noches echándole ideas a las tragaperras y recibiendo promesas, nada que mereciera realmente la pena. Anochecimos juntos durante algún tiempo y me convertí en un noctámbulo, siempre dispuesto a seguir viéndola recorrer cada noche, a cuatro patas, como una gata desnuda y en celo, como una mujer desnuda y en celo, el salón comedor y la biblioteca de mi casa en Olmos hasta dormirse, ya tranquila y saciada, en mi regazo. Si cierro los ojos, vuelvo a verla, y siento algo parecido a la ternura, pese a que, en realidad, sólo me dejó algunas escenas tristes y desoladas o muy violentas, donde el placer y la pasión se alternaban sin demasiado orden ni concierto, algunas pocas situaciones entre eróticas y pornográficas, varias fotografías ridículas o familiares y un sinfín de interrogantes que nunca me quiso aclarar. ¿Por qué gritaba siempre «¡no, no, no!» en plena cópula con tanta fuerza, con tanto temor, con tanta rabia hasta que el orgasmo, finalmente, la hacía enmudecer? Se acurrucaba entonces a mi lado, dócil, y yo le preguntaba una vez más que por qué había gritado. «*No me acuerdo*», me respondía siempre. Hubo un tiempo en que me arrepentí de haberla conocido. O me arrepentí de no haberla conocido, al menos, un poco más. Sólo que ahora eso ya no es posible ni tiene tampoco sentido. Se la llevó la muerte demasiado joven.

Con ella, el primer sexo, nada más ni menos: ese fascinante cálculo de límites, ese oleaje del vientre enloquecido, esa primera voluntad de poder, en principio, confirmada. Llega, entonces, la hora de verificar la sentencia guardada en uno de mis cuadernos rojos: "*omne animal post coitum triste est*". Y sí, es cierta, pero se necesita algún tiempo hasta comprender que esa tristeza, más allá de la tristeza común, es el resultado de la disolución transitoria que nos produce el acto amoroso y, en concreto, el orgasmo. Dejamos de ser nosotros durante algunos segundos. ¿La otredad? ¿La pequeña muerte? ¿El cumplimiento ritual del instinto de reproducción de la especie animal a la que pertenecemos? El primer sexo, cuando se convierte en el primer amor, no suele ser eterno ni tiene tampoco por qué serlo. Más allá de nuestras fuerzas (jóvenes y difícilmente saciables) recuerdo que, unos meses más tarde, me despertaba al alba y sentía la necesidad de huir con urgencia del lecho y del exigente vacío de su abrazo.

Con ella, el sexo demorado y, después, las prisas a la búsqueda del tiempo perdido, el furor imaginario en dos circunstancias distintas, antes y después de casi todo, el pasado reescrito en unos viejos relatos, el futuro que no tuvimos nunca, el guión entrecortado de una historia de amor como tantas otras, irrealizable. Y, sin embargo, siempre quedan rastrojos de uno mismo esparcidos en las habitaciones clandestinas de los viejos hoteles donde regreso, en ocasiones, sólo para comprobar que ya no volveré a encontrarla. Que la memoria, discreta y limpia, celosa, nos guarde las horas de amor que fueron auténticamente nuestras.

Con ella, con tantas como ella, el sexo rápido, casi anónimo, la exhibición de una noche cualquiera, cumpliendo el ritual de la senda de los elefantes, de la barra de un pub a la barra de otro pub, saludando a las amistades, mostrando, provocadora, tu belleza infinita, repasando los libros leídos y por leer, las citas escogidas, qué risa, tu militancia, mi no militancia. Y la última frase que le recuerdo «*Ahora soy toda tuya, hazme lo que quieras*» y no sé qué no le hice que podía todavía haberle hecho, regalarle mi sonrisa, improvisar un largo poema de amor, dibujarle el cuadro robado de una geisha, impregnarla con el sudor de un abrazo urgente, decirle con la voz en un hilo, una vez y otra, que no quería que se fuera al amanecer, porque sabía que no volvería a verla. Así fue, por supuesto.

Con ella, todo podría reducirse a un sofá frente al televisor, su cabeza recostada precisamente sobre mi cintura para que sus labios (y el lenguaje mutuo de la pasión) hicieran el resto. No sería justa esa reducción, pero es precisamente la escena que más añoro. En realidad, fue el amor adolescente más intenso y profundo de mi vida adulta; y resulta maravilloso ser capaz de hablar de amor (y hasta escribir sobre el amor sin sonrojarse) cuando ya has atravesado la mitad del camino de la vida y ya le has visto las fauces a los canes negros; y eso me sucedió con ella. Lo hicimos juntos. O lo aprendí de ella. Escuchando su voz grave, leyendo mis versos, con la entonación correcta. Seguro que mejorándolos.

Con ella, sorprendentemente, escapados ambos de una reunión en mitad del hastío, sus manos hablándome en un idioma que yo desconocía; y luego el miedo, su extraña negativa a prolongar la huida, la noche repleta de taxis y tabernas, el silencio al subir a la habitación sabiendo que sólo nos esperaban dos frías camas separadas. Y sin embargo, ese giro último en los acontecimientos que nos volvió a entrelazar, de repente, tan sólo porque ella quiso, desde luego, porque yo no podía negarme a sus deseos, cómo iba a negarme si me fascinaba el idioma en que me hablaba, aunque no la entendiese, porque no necesitaba entenderla, necesitaba órdenes que cumplir, desafíos que vencer, una vez asumida la excepcionalidad del instante de ser el escogido entre docenas de candidatos por la suerte de su mirada única, por el lenguaje desconocido de su lengua extranjera y sus manos húmedas de sirena.

Con ella, como sucede muy a menudo, el barco del amor naufragó contra los traicioneros arrecifes de la vida cotidiana. Si cito, más o menos, a Mayakovski es por rendirnos un homenaje. Siempre fui bastante escéptico, sé que las buenas intenciones sólo duran un cierto tiempo y que, después, languidecen, no sé muy bien por qué; es cierto, me fui antes de tiempo, me faltó paciencia o valor y regresé al origen demasiado pronto, pero si algo le agradezco a ella, todavía hoy, es que no hiciera absolutamente nada, ni un solo gesto que me invitara a regresar.

Con ella, cómo no apelar a la memoria por tantas noches escribiendo juntos, taladrando el silencio con nuestros teclados negros, compartiendo la misma música y dando forma y contenido (forma y contenido: nada menos) al amor más improbable de todos los amores y conseguir, no obstante, dar juntos una especie de triple salto mortal y rosa, como tus zapatillas, y seguir todavía latiendo. El amor es un largo viaje en el que somos polizones escondidos en un camarote de lujo con vistas a un inmenso iceberg blanco, como la nieve o la muerte. También es cierto, que la dejé de amar en cuanto la perdí de vista, pero ya estaba avisada por escrito. Con ella, la piel muy blanca y la mirada algo irascible, la cristalera hecha añicos de un portazo y un hilillo de sangre roja descendiendo hasta su ombligo desnudo, el placer inconfesable en sus mejillas cuando la tranquilicé violenta, cariñosamente. No sé cómo acabó, años después, en Alcohólicos Anónimos ni por qué se fue a vivir, prácticamente, a una Clínica Psiquiátrica donde pasaba las horas viendo cómo avanzaba, impasible, un taxímetro marcando la factura de cada mes en una prisión con las paredes acolchadas, las pastillas saturnales, el ambiente sectario y el cielo absolutamente fuera del foco, invisible. No sé en qué instante me di cuenta exacta de lo que sucedía y de lo que le estaban haciendo, pero ya estaba muy lejos de ella, eso sí que lo recuerdo; y me miraba con ira, con la misma ira con que aparecía por casa, alguna noche, pidiendo unas monedas para espantar los fantasmas. Se las daba, aunque no quería hacerlo porque, a veces, uno no sabe si ayuda más una soga, un taburete cojo y una sonrisa triste que un abrazo inútil al borde mismo del fuego del abismo.

Con ella, sonriendo como la niña que era, jugando con sus pantalones de suave pana oscura, quizá azules o negros, cómo me gustaban, vuelvo a releer los versos en prosa poética que escribí («*Cierto es que la muerte ya está aquí y ni principio ni final consigo lleva...*») al saber que se moría («*tengo cáncer*», me dijo, apartando la mirada), tan joven e inocente, tan joven y hermosa. En ese mismo instante dimos a luz una breve historia de amor hasta descubrir, algo más tarde, que no tenía cáncer, «*fue una falsa alarma*», me dijo, y me di cuenta, entonces, de que nunca podría olvidar su sonrisa tímida y algo triste, ni sus ojos negros y brillantes, ni su cuerpo flexible y su apasionante forma de amar.

Con ella, las experiencias de la vida. Estamos juntos, cogidos de la mano, aunque apenas nos conocemos. Hemos bebido demasiado. Esta noche dormirás a mi lado sin tocarme. O dormirás sola. O serás mía. O dormiremos juntos sobre la arena de las playas vacías. Esta noche velarás mi sueño, vigilarás mis pesadillas, romperás la oscuridad cuando necesite la luz o el silencio, cuando necesite alguna voz como la tuya. Esta noche iremos a un viejo hostal y, cuando nos pregunten, les aseguraremos estar recién casados. No tenemos los papeles, pero fingiremos el amor en nuestras miradas, y pasaremos allí la noche hasta que la luz del alba nos anuncie la ruidosa llegada de la realidad.

Con ella, cómo no narrar algunas noches tempestuosas, divertidas, divertidas, casi heroicas, sobre todo, cuando apareció su marido y me echó de su parte del lecho, mientras yo echaba pestes del universo entero y ella sonreía de risa y de miedo, porque nunca se sabe cómo acaban estas cosas y no es agradable depender del estado de ánimo ajeno. A veces, se ofende la gente, se arma San Quintín y para apaciguarse lo mejor es saber a quién le favorece hacer mutis por el foro y abandonar, en consecuencia, la escena antes de que se complique. Cogí un taxi, raudo, hacia las afueras, sin sentirme, en absoluto, culpable de intrusión alguna. Al fin y al cabo, el matrimonio, que es una institución seria y respetable, necesita de algún pequeño alboroto, de vez en cuando, para sobrevivir a los vaivenes del deseo, a la lujuria capital de la naturaleza humana. Me lo acabaron agradeciendo.

Con ella, los días de vino y rosas duraron casi, casi, demasiado. Es la historia repetida de cada pocos años, el cambio de aspecto y de piel, el brillo inseguro o desafiante en la mirada, la voz ronca con sabor a aguardiente, los sentidos finalmente embotados, la amistad puesta, quién podría haberlo imaginado, en entredicho. Fue entonces cuando decidí alejarme de ella y desaparecer, cuando quiso hacerme partícipe, enloquecida, de sus jeringuillas de muerte, de insatisfacción, de urgencias, y tuve que escoger entre ellas y mis cuadernillos rojos, mis bolígrafos y estilográficas, mi vieja, ruidosa y estimada Olivetti. La vida es exigente, en no pocas ocasiones, y muy exigente en los momentos más importantes. Siempre lo supe, me alegra no haberlo olvidado jamás.

Con ella, qué hermosa piel blanca, gótica, deslumbrante, aunque la complicidad del lenguaje siempre acabe siendo lo más valioso y sorprendente. «*Esto no es por...*», me dijo, sin que yo supiera a qué se refería. «*¿Podría quedar embarazada así?*» susurró, mientras yo empezaba, ahora sí, a comprender lo que estaba sucediendo sin entender, no obstante, cómo había sido posible. «*No, ¿pero te gusta?*». «*¡Sí, sigue!*». Nunca suele ser tan fácil, ni en la ficción gimnástica del cine porno. El amor es un milagro cuando derrite el lenguaje, lo convierte en sudor, en resina, en las sustancias orgánicas que nos igualan hasta convertirnos en el mismo ser, asombrosamente único y desdoblado. Perfecto.

Con ella, a veces una idea empieza a rondarnos en círculos y acaba adueñándose, por completo, de nosotros. Lo único que ahora recuerdo es que acabé olvidando su nombre verdadero o que, quizá, nunca quise saberlo, porque el juego del amor tiene sus propias reglas y particularidades, imposible prevenirlas, y me acostumbré a ponerle otros nombres, Mariel o Diane por Hemingway o Keaton, las dos bellísimas actrices que acompañaban a Woody Allen en *Sueños de un seductor*, y la convertía en ellas y la abrazaba junto a la Catedral de Palma reflejada en el Parc de la Mar pensando que estábamos en Manhattan, junto al puente de Brooklyn con el skyline de Nueva York al fondo. Con ella, me enamoré (ahora me doy cuenta de ello) en el preciso instante en que no podía enamorarme de nadie. Es raro. Un accidente. Una boda. Dos bodas. No sé. Los caprichos del azar. Los imprevistos de mis años 20. Había pasado mucho tiempo cuando la encontré en el Bar Bosch y me negó la palabra, porque «*me hiciste mucho daño*», precisó, antes de darme, definitivamente, la espalda. No supe, entonces, qué contestarle y sigo sin saber cómo pude haberle hecho daño. Son estos desencuentros, mayores o menores, los que me confirman que, aunque estuve y estoy decididamente del lado del exceso, no es posible sobrellevar sus fulgores más allá del límite de las propias fuerzas. O de las ajenas. Me duele, eso sí, sin saber qué importancia tiene (si es que la tiene), no recordar algún que otro detalle importante, algún secreto que hubiéramos tenido, tal vez, para no contarlo nunca, para guardarlo en recuerdo suyo, en silencio, de por vida.

Con ella, a solas, en el teatro de luz y sombras que siempre acaba siendo la vida, vivo ahora donde siempre quise vivir, en Olmos, entre los libros nuevos y viejos de mi biblioteca, que algún día leerás, *si te apetece, querida*, recorriendo juntos a buen paso la ciudad y sus templos, sus restaurantes y bodegas, sus playas y conciertos al aire libre, las puestas rojizas del sol (que tanto te gustan), visitando las consultas prodigiosas de mis médicos, viajando desde Praga a Nueva York, desde Viena a Lisboa o Londres, desde Madrid o Barcelona a Berlín o a París, siempre a París, celebrando aniversarios y también cumpleaños familiares, instalado, quién me lo iba a decir, en una especie de equilibrada normalidad burguesa con la que, sinceramente, no había contado nunca. Esa libertad y responsabilidad compartidas no me las esperaba, pero cuando llegan hay que afrontarlas sin vacilación alguna. Ya no es hora de demoras, fracasos ni renuncias imperdonables, es hora de apretar con brío las mandíbulas (como si fuera una termita gigantesca royendo la vida), de fruncir el ceño y hacer acopio de fuerzas para seguir adelante, a contracorriente y sin desfallecer, con una sonrisa imborrable, indescifrable y decidida en el rostro.

Quizá envejecer sea el único exceso que todavía me está permitido.

30

Magnum Opus

No somos alquimistas y es harto improbable que lleguemos a crear la piedra filosofal, el oro del filósofo o el elixir de la vida eterna. Ni tan siquiera el éter de Ramon Llull. Tendremos que conformarnos con la propia obra en marcha. Pruebas, errores y hallazgos sucediéndose hasta alcanzar, en la medida de lo posible, la mejor, la más perfecta y completa obra en marcha que seamos capaces de realizar con el paso de los años y el aprendizaje de la experiencia. Nuestra propia obra maestra. En cualquier caso, la existencia consiste en un íntimo, pero extravagante, diálogo entre nosotros y nosotros mismos, en una dura pugna dialéctica entre todo lo que hacemos y todo lo que deseamos hacer, pero no hacemos. ¡Tantos personajes y líneas diversas de pensamiento para un tenaz y obsesivo monólogo interior! Un monólogo que nunca podremos silenciar.

No dejo de observar el panorama y de vigilar el guión de la escena que protagonizo. Me debo a ella, por mucho que quiera desaparecer y desentenderme de todo lo que me rodea en no pocas ocasiones. Pero aquí sigo. Diría que mi cuerpo y mi espíritu (¡como si pudiera separarlos!) fluyen al unísono, equilibradamente, hasta que, por algún motivo desconocido, parece poseerme algún ser superior y acontece, entonces, una especie de formidable colapso entre ambos (quizá no debiera, pero me resisto a ser poseído del todo) del que surgen composiciones y pensamientos, visiones e iluminaciones que me dejan perplejo y fuera de mí. Luego regresa la calma y, ya instalado de nuevo en la normalidad, observo lo que hice, lo que escribí o lo que recuerdo haber sentido y me pregunto cómo pudo ser posible. Nunca encuentro la respuesta. Para bien o para mal. Es cierto, no es nada fácil descubrir la respuesta de algunos interrogantes. Nuestra mirada no es nunca del todo inocente, porque quizá no pueda serlo, y arruina buena parte de lo que vemos y, más aún, de lo que no vemos; no es sencillo asumirlo, porque nos cuesta distinguir las sutiles proporciones de la perfección, asimilar su belleza o su horror, su caprichosa o necesaria razón de ser, su vacío a regañadientes o su plenitud ficticia. No es fácil eliminarle a la creación, a la obra en marcha, la mochila repleta de enormes quimeras que le cargamos, llevándola a cuestas, como si fuera lo más normal de este mundo. No debiera serlo. Demasiada retórica nos acabará aplastando. Hay que soltar lastre.

Soltémoslo. Dibujo al azar un par de puntos, pienso inmediatamente en tus ojos, y dejo caer el pincel sobre el lienzo, como si por descuido; y el pincel golpea el lienzo y deja marcadas un par de líneas más y ya me parece estar viendo tu rostro completo; de igual modo, vemos la realidad completándose a partir de una cualquiera de sus partes y esa visión caleidoscópica nos incluye a nosotros mismos, dice más de nosotros mismos que del mundo, pero no ha de avergonzarnos, faltaría más, sentirnos indignos del formidable látigo de la pasión y sabernos vencidos, una vez más, por las groseras limitaciones de nuestra propia naturaleza, tan incompleta, tosca, incompetente. ¿El síndrome del impostor? ¿El efecto Dunning-Kruger? Estupideces. Sólo somos lo que somos.

En efecto, no somos dioses, ni siquiera dioses menores, y aunque Dios no haya muerto, puesto que no hemos sido capaces de eliminar su influyente presencia de nuestras vidas, jamás podremos ocupar su simbólico lugar en cada instante solemne de cada día y cada noche, en los momentos más sublimes de cada obra, de cada monumento, de cada verso, de cada línea del pensamiento convertida en brújula, en guía espiritual del viaje, en estrella refulgente en los cielos camino, quizá, de nosotros mismos: el más improbable de los destinos.

31

El lugar inestable

Sin embargo, sabías que encerrarte en ti mismo (o en cualquier otro lugar igual de inestable) te acabaría haciendo daño. Te lo ha hecho, no cabe la menor duda, y cuando decidiste salir de estampida te sentiste levemente aliviado hasta que, poco después, los excesos te acabaron derrotando con estrépito. Imagina un ejército de termitas royéndote. Imagina una sola termita gigantesca batiendo sus mandíbulas en tu interior: en tu estómago, en tu corazón, en tu cerebro.

No es fácil detenerse en uno mismo (o en cualquier otro lugar igual de inestable) cuando se desconocen los propios límites. Cuando se es joven y estúpido. Cuando se es viejo y estúpido. Cuando se es estúpido y a la inmadurez desoladora sólo logras enfrentarle las infinitas justificaciones del miedo, la agitación de tus pupilas en busca de alguna salida de urgencia, el vómito que te vas tragando sin entender de qué está hecho. Vas en la dirección equivocada y un aguijón se te clava en la boca del estómago.

Pero contra el dolor, incluso contra el que te amartilla las entrañas, también se puede salir airoso, hallando la manera de conformarte con lo poco de bueno que vas encontrando, alguna sorpresa afortunada, alguna similitud milagrosa, alguna copia indetectable de tus mejores deseos que te trae la paz momentánea, el equilibrio, la tranquilidad dialéctica; así sucede, que logras detener la vorágine y posponer la debacle, la catástrofe, el final de los últimos días. Has aprendido a sacar un nuevo naipe de la manga en el momento adecuado y sonríes, entonces, porque cada naipe que logras colocar es un tiempo más sin que se venga abajo el universo entero. O la torre de Babel, en la que estás preso y de la que no podrás escapar nunca.

Completar el puzle de la existencia es tu único desafío.

32

El oficio de escribir

La existencia tiene siempre dos partes, inseparables y simultáneas: una parte narrativa, más o menos épica, teatral o novelesca y otra parte, que es un discurso interior de la conciencia, una pugna, una controversia de marcado trasfondo psicológico. Ambas partes se interrelacionan de manera variable a lo largo de la vida. Así, tras la publicación de mis dos primeros poemarios, sentí auténticas náuseas hacia la fauna y flora cultural que había en España (y en todo el mundo a mi alcance) por aquellos años. Como en estos de ahora, por supuesto.

Un escritor, tal y como yo lo entendía y lo sigo entendiendo, es un ser atravesado por el lenguaje, malherido por sus difíciles relaciones con la realidad y el deseo (con la formulación de la realidad y el deseo, para ser más precisos). No puedo darle a esta definición ningún valor universal, más allá de que me defina, creo que correctamente, como un escritor que piensa que siempre brota algo útil de la confusión y el caos, de la estimulación de los sentidos, de la búsqueda como forma de entender la vida. Con el paso del tiempo fui descubriendo, entusiasmado, las casi infinitas posibilidades y limitaciones del lenguaje y, en especial, el fetichismo turbador de los libros, de algunos libros (en realidad, de muy pocos y, además, escogidos), como si en ellos residiera la verdad última o primera de la existencia. Estoy seguro de que es así; alguna verdad importante se esconde en ellos, ante nuestros ojos, ante nuestra conciencia, pero hay que saber, primero, hallarla y, después, descifrarla. El caso es que la propia literatura (vivida intensa y personalmente) se me acabó convirtiendo en una insoportable cruz sobre los hombros, en una dolorosa corona de espinas en la frente alrededor del torbellino de ideas en ebullición que me asaltaban aquellos días y noches, todavía jóvenes y hambrientos, en los que una actividad esencialmente solitaria, como escribir, devino, a la fuerza, una actividad necesariamente privada, casi marginal o clandestina. Ese silencio inicial alrededor de mis libros, esa ausencia de lectores, esa vergüenza de editores, pero también (y sobre todo) mi propio desarraigo ante la falta de un ambiente cultural propicio, no acabó paralizándome (porque nunca dejé de escribir) pero me mantuvo al margen de la feria literaria, absolutamente aislado durante unas dos décadas hasta que, aproximándome al fin del siglo, decidí regresar a la vida pública, completar las páginas de algunos libros nuevos y tomar, por sorpresa, las reuniones y tertulias literarias de la ciudad (un auténtico Tinder urbano, con pretexto vagamente ilustrado) y las cotizadas páginas de opinión de la prensa local, sufrir las convulsiones lógicas ante la ignorancia y el mal gusto reinantes y, por supuesto, asumir el panorama en su conjunto (a la manera de Hölderlin) igual que se asume una enfermedad crónica: sabes que nunca te librarás de ella y que serás escritor toda la vida. Cuando se es capaz de aceptar que esa marginación es normal y hasta deseable en el mundo en que vivimos, ya se es capaz de continuar con la propia obra sin que importe demasiado la concurrencia añadida de otras circunstancias, las que fueren.

Parafraseando lo que se dice de cómo Epicuro se hizo adicto a la filosofía, es muy posible que me convirtiera en escritor porque todos los literatos, que tomé como maestros, me acabaron decepcionando de alguna manera. Unos más que otros, por supuesto, pero ya fuera por sus libros o por sus actividades extraliterarias, todos me acabaron fallando. Repaso ahora mi biblioteca personal. Durante los últimos cuarenta años, sus estanterías de madera vivieron días de esplendor y días de crisis en los que los libros se multiplicaban o desaparecían, normalmente tras ser leídos, sin más motivo que mi humor cambiante o mis perentorias necesidades económicas. Comprar libros, leerlos, venderlos, volver a comprarlos, revenderlos. Intercambiarlos a peso en algunos mercadillos. Hacer *bookcrossing*. Con el tiempo, fueron muchos más los libros que se fueron para no volver, que los que se quedaron (y aun así necesitaría otra vida para releerlos todos); pero apenas sobrevivieron libros de escritores contemporáneos y muchos menos, aún, de autores que sigan vivos. No es nada personal. Tampoco es un ajuste de cuentas.

33

Los jardines del escritor

Epicuro intentó enseñar a vivir, discretamente alejados del mundanal ruido, a sus contemporáneos en un jardín convirtiéndolo en huerto, en academia, en refugio, en lupanar. En el jardín de las Hespérides, muy cerca del mediterráneo, me sentí absolutamente solo, hundido, inmóvil, sentado en un maldito banco de piedra y todavía seguiría ahí si no hubiera probado el sabor amargo de las manzanas doradas. La inmortalidad es un gran problema. Lo viejo ha de morir para que lo nuevo pueda nacer. ¿Será éste el pacto que nos obligó a aceptar el genocidio programado en que vivimos? ¡Cuánto se aprende, escribiendo y viviendo, a escribir y a vivir! ¡Cuánto se logra uno vaciar a la vez que se llena de sí mismo con los hallazgos que salen a su encuentro, como si fueran viejos amigos que ya lo olvidaron absolutamente todo de sus vidas pasadas! Ese olvido completo nos garantiza volver a empezar de cero, aunque algún *déjà vu* inesperado nos ayude a diferenciar nuestros caminos de los ajenos. No es difícil acabar sabiéndose el fruto de tantos injertos y mutaciones como el tiempo nos regala, de tanta incertidumbre y reflexión, de tanta pasión y olvido, de tanto amor y deseo enfrentados en el jardín del conocimiento del bien y del mal. O en cualquier otro jardín donde la vida esté en juego. Hay que jugársela, siempre.

Uno viaja de jardín en jardín, como entre las páginas escritas y las páginas por escribir, recopilando sensaciones y anécdotas, resumiendo placeres y estados de ánimo. En un jardín familiar, bajo unas margaritas blancas y amarillas, enterré a *Maui*, el pequeño felino con el que jugué durante la infancia. En otro jardín perdí buena parte de mi inocencia recorriendo tu sonrisa, tus brazos, tus pechos, tu inteligencia. El conocimiento es una mezcla de néctar y maná para los sentidos, los despierta, los aviva. En un jardín comprendí que entre los senderos de gravilla, los estanques de nenúfares, los nidos de los pájaros, los matorrales en llamas y los parterres de las flores se escondía un cuerpo completo de mujer donde llueve, truena, hace sol o florece intensamente. Viva la madre naturaleza. Perdidos en el laberinto de todos estos infinitos jardines es donde, al mismo ritmo que desarrollamos nuestra personalidad y nuestro oficio, aprendemos a juzgar y a ser juzgados. A sabernos vistos para sentencia cada vez que pasamos página y sonreímos ante la siguiente página en blanco. Hay que seguir escribiendo.

34

Los sagrados excesos

Acostumbrado a vivir del lado salvaje de los excesos, manifiestamente rendido a la necesidad y a la importancia de los placeres sensoriales, pero igualmente receptivo a las, en ocasiones, desorbitadas exigencias del espíritu, escribir resulta ser una de las actividades más tranquilas y pacíficas, más reflexivas y menos temperamentales. No es así o no del todo, escribir es, también, sumamente peligroso. Te permite adueñarte de la realidad, manipularla según te convenga y creer, en fin, que la conoces, que la puedes transformar, que cada adjetivo con que la vistes o desvistes, con que la manipulas o perviertes es sólo una prueba más de tu poder y tu pericia. Crees que eres su auténtico dueño, pero no es así; eres, en realidad, su prisionero de Zenda, a la vez un impostor de lujo y una víctima no tan inocente, su último escribano encadenado a las columnas de los templos y palacios a punto de venirse abajo, el cronista anunciado de la decadencia y el fin de los tiempos, el observador más atento a sus propios recuerdos, a sus prejuicios y a sus antiguas preferencias éticas y estéticas, que al devenir enloquecido y subterráneo de las corrientes de moda, el juego sucio de los robots a través de las autopistas de silicio, la desesperante sensación de que todo está absolutamente podrido. Cómo apesta.

Es muy posible, por lo tanto, que ya no tengas derecho a emitir juicio de valor alguno respecto al mundo, cuando ya no eres uno de sus protagonistas activos, cuando ya descrees sistemáticamente de casi todo, cuando tu escala de valores ha quedado, si no obsoleta, sí relegada a las curiosidades del pasado. «*Ya nadie entiende latín. Ya nadie recuerda la lista de los reyes godos. Ya nadie pasa sus últimos años dibujando a la acuarela los sitios donde fue feliz, papá*». Pasa el tiempo muy deprisa y corren las nubes y los astros dan vueltas en los cielos y se pone el sol y después lo hace la luna y te vas quedando a solas con tus visiones. No es fácil compartirlas.

Enciendes el ordenador o abres las ventanas de tu casa en Olmos y miras adentro y todas las contraseñas del universo parecen activarse al unísono. Se abren automáticamente las puertas a medida que avanzas, mientras enciendes las antorchas para que te iluminen el interior de las cuevas, para no perderte entre las enredaderas, los pozos de piedra y los setos interminables, el acantilado no debe estar muy lejos, se oye el oleaje del mar chocando con la tierra. El fuego te da una luz tenue, que parpadea entre las sombras, debe ser de noche y rugen, lejanas, las bestias, pero aun y así sigues avanzando porque no hay forma de volver atrás y, además, el conocimiento es la droga más adictiva del universo. Acabas necesitándola con urgencia, convertido, al fin, en un puto yonqui sin salvación posible. Das asco, lo asumes sin problemas, pero no te arrepientes de haber escogido este camino. La única elección, la elegida; siempre fue así, ya lo escribiste varias veces en otros lugares.

Rompes el espejo del que no puedes escapar y regresas a ti mismo. Aquí estoy en primera persona. Una gota roja de sangre surge de mi frente, desciende y pasa, despacio, entre los ojos y estalla mucho más abajo del pecho, en el ombligo circular del mundo. Cualquier nuevo detalle desconocido me conmueve físicamente como si fuera el temblor de un gran edificio a punto de derrumbarse. Un terremoto, una hecatombe, la llegada de un gran asteroide, la erupción de un volcán, algo terrible, sin ningún género de dudas. Cualquier ligero avance me produce un vértigo irresistible. Caigo en un pozo sin fondo. Sigo cayendo y creo que nunca dejaré de caer. Eso pienso ahora, pero no sé por cuanto tiempo podré seguir haciéndolo. Cierro los ojos, tengo miedo, pero me resigno a lo que tenga que ser, porque ya no puedo hacer nada para evitarlo. La inercia, la gravedad, quizá la interacción de los astros, la expansión de las constelaciones o el túnel de viento que atraviesa el desierto sin abandonarlo jamás. No puedo enfrentarme a todo ello. La realidad es un muro contra el que voy, necesariamente, a estrellarme en cualquier momento. No habrá aviso previo.

35

Construyendo la luz

Poner en tela de juicio las medias verdades que acostumbramos a tener como dogmas de fe acaba siendo un juego entretenido, sumamente fértil y muy laborioso. No tengo nada claro que sea posible trascender, tranquilamente, de lo individual a lo colectivo y universal, como si fuésemos la suma matemática o, tal vez, geométrica de todos nosotros. No acaba nunca de ser así. Hay gente, en efecto, que suma una barbaridad e incluso hay gente que multiplica, pero también hay mucha, muchísima otra gente que resta de manera rotunda o que, incluso, divide, trocea sin miramientos el ente global que pretendemos ser. Ya dije que, para un escritor, no siempre era posible trascender de lo individual a lo colectivo. A veces, estamos obligados a ser fieles a la parte en vez de al todo.

Estoy en la feria del libro sentado ante una pila de libros que firmaré y dedicaré a quienes los compren. La tarde es soleada y hay un auténtico gentío dando vueltas al ruedo de libros y librerías; saco mi pluma, convencido de que nada puede salir mal y me dispongo a esperar los primeros compradores. Llevo siempre algunas pocas frases memorizadas, para no quedarme en blanco (como me ha ocurrido un par de veces) aunque luego acostumbre a retorcerlas según el nombre, el aspecto y los deseos del hipócrita y amable lector. Los lectores son gente muy discreta, al menos los míos, y no solamente no arman jaleo ni se amotinan ruidosamente a mi alrededor, sino que, a menudo, ni se presentan. O se vuelven invisibles. Pasa la tarde y miro mis libros con la inquietud de quien mira a sus hijos y los siente desolados. Pasa la tarde y miro mis libros con la tranquilidad de quien mira a sus hijos y los siente aseados y bien educados, tranquilos, pese a su natural revoltoso. Pasa la tarde y le devuelvo los libros al librero con una sonrisa de fatiga o complicidad en la cara y le doy las gracias por todo y por nada.

No me apetece echar las culpas de estos desaguisados a mis libros ni a mis lectores. Tampoco a mí mismo, que soy, en cualquier caso, el único culpable posible de que mis libros no se vendan o se vendan a cuentagotas. ¿Quién compra libros hoy en día? Autores consagrados venden un centenar de poemarios y se creen los reyes del mambo. Quizá lo sean. El negocio editorial, las librerías y las distribuidoras, las tres caras del mismo desastre organizado, están en las manos, nunca demasiado limpias, de los gestores culturales, de los comisarios políticos que confunden cultura con propaganda, de los entes que reparten subvenciones a manos llenas o convocan premios literarios en los que la rueda giratoria de los que están en el ajo apesta y repite, repite, repite. Entendedlo, es que no hay otra solución. Hay que estar en el ajo.

O esperar, sin permitirse nunca desesperar, a que llegue el lector capaz de captar (a la manera de Hölderlin) la luz que pueda existir en lo que uno escribe.

36

Forma y Contenido - La Fusión Interior

No es muy complicado, pero a veces se complica. O lo complicamos. Todo cuanto escribimos sólo es legible (es decir, comprensible) en la medida en que puede ser descifrado por alguien, incluido su autor. La polisemia puede jugarnos muy malas pasadas. Eso explicaría por qué he desechado tantas páginas a lo largo de mi vida; muchas más de las que he ofrecido al lector o a la imprenta. En cualquier caso, suelo utilizar palabras bastante conocidas y huir, cada vez más, de los neologismos o de las palabras en desuso y estructurar mis frases de la manera más sencilla y con la mayor corrección gramatical posible: no busco ser original (los clásicos nos dejan en ridículo si lo intentamos) ni utilizo onomatopeyas ni tengo, dios me libre, la más mínima intención de escandalizar o manipular la conciencia de nadie. Sobre todo, esto último.

Aquí, como en todos los ámbitos de la existencia, nos movemos entre la realidad y el deseo, entre las cartas que tengo en las manos y las que hay, ocultas, sobre el tapete verde, retándome, entre los sueños y su lacerada disolución a la luz del alba, entre el lenguaje que nos convierte en seres humanos y su significado, no siempre obvio, que debería acabar dando algún sentido a nuestras vidas. Forma y contenido poniéndose a prueba, desafiándose («*la forma es el contenido, en efecto, pero la forma es un ser mítico*» escribí hace ya demasiado tiempo). Podemos colegir que se funden entre sí (signos en ebullición, desde luego) para acabar ofreciéndonos una amplia baraja de posibilidades como horizonte. Observamos las diversas alternativas y, aunque las sabemos sesgadas, sentimos que todas las opciones forman parte esencial de nuestra vida, pensamos que se nos ofrecen, no importan los resultados, para que pongamos a prueba nuestro libre albedrío, para que logremos abarcar, en cualquier caso, el campo entero de lo real, la absoluta atención de nuestros sentidos, el espectro completo de las voces que nos van guiando, no siempre de la forma correcta, por entre las distintas avenidas, repletas de trampas letales y de atajos sin salida, del enorme laberinto de la existencia.

Somos la conciencia de esa voz o esas voces. Nos debemos a ella. Somos Molly y estamos en pleno monólogo interior. Hay que respetar la conciencia, proteger su integridad y su libertad, porque es la nuestra y la del mundo en que vivimos; pero también hay que espabilarla si se nos duerme, armarle algún alboroto si se nos desmanda, obligarla a permanecer en posición de alerta cuando es necesario y suele serlo, porque en no pocas ocasiones nos sentiremos en territorio hostil y precisaremos, entonces, toda la ayuda posible, toda la comprensión que seamos capaces de desarrollar para afrontar, sin mayores traumas, la compleja realidad de cada día.

Podríamos vivir o haber vivido tantísimas vidas distintas (basta echar un simple vistazo alrededor o pensar un poco en la diversidad de la gente que conocemos para comprobarlo con ejemplos), que la existencia que nos ha correspondido afrontar merece que la cuidemos con mimo, que no la maltratemos, que no dejemos de prestarle toda la atención que necesita. La hemos elegido nosotros, aunque no recordemos haberlo hecho. La reelegimos, de nuevo, a cada instante, con nuestras decisiones sucesivamente encadenadas y desencadenantes. No podemos, pues, abandonarla a su suerte ni, por supuesto, dejarla en manos de otras personas, convertirla y convertirnos en las víctimas ideales de las terribles alucinaciones colectivas (me refiero a las tesis oficiales sobre lo humano y lo divino de las ideologías dominantes o dominadas) que, aunque no las podemos ignorar por completo, porque no es nada fácil hacerlo, se acabarán volviendo, necesariamente, en contra nuestra. La conciencia debe ordenar y explicarnos el mundo; y no al revés. Calmarnos cuando sea preciso batirse en retirada o acelerarnos el pulso de la sangre si hemos de emprender alguna acción exigente, del tipo que sea.

Hace tiempo, la consigna de «*Épater les bourgeois*» sirvió a los simbolistas franceses (y más tarde a los surrealistas y, en general, a todos los que han intentado usurpar la modernidad) de pretexto para algunos de sus excesos dialécticos; pero todos los que quedamos atónitos (y no fuimos pocos) ante la insólita belleza de los versos de *Las flores del mal* o la prosa profundamente intuitiva y envolvente de *Una temporada en el infierno* lo hicimos, porque conectaban (aun habiendo sido escritos dos siglos antes) con nuestra propia forma de pensar y vivir, más o menos a contracorriente, en la España, todavía reumática y algo adormecida, de mediados de los años 70, en que abandonaba la infancia e iniciaba mi primera juventud.

Han pasado, hasta hoy, unos cincuenta años. La forma y el contenido, sin embargo, apenas sí han envejecido, siguen, como de costumbre, confiando en las habilidades y poderes de la conciencia para mantenerse fusionados, para alcanzar a ser la totalidad conceptual del ser, la plenitud de lo que se hace y de lo que se quiere hacer, la concordancia entre lo que se dice y lo que se siente, el placer absoluto y simultáneo, enloquecedor, de los cinco sentidos empeñados en culminarse hasta que lo quede de ellos (parafraseando a Georges Bataille) sea como las marcas del deseo satisfecho en las chicas de vida alegre. No hay nada más hermoso.

37

El pudor interior

Hay cosas mucho más importantes que otras. Debes de alcanzar el estatus de ciudadano útil y responsable, antes de representar el último papel de tu vida, el de un triste e indocumentado suicida. Ya pasaste por ese trance, de muy joven; y fracasaste. Saliste indemne, tras seis meses en los hospitales de campaña. Ahora sabemos que te desagrada ese papel tan desprovisto de pudor: el de un cadáver a la vista de todos, expuesto en un ataúd de cristal, ataviado con un traje gris y maquillado sin ganas, con prisas, en una sala fría, inodora, inmensa, silenciosa, de los sótanos del tanatorio, con la solemnidad de la muerte (los espectadores no te quitan los ojos de encima) danzando, macabra, a tu alrededor, arrasándolo todo, persiguiéndote rabiosa por los pasillos eternos de Son Dureta (como del Hotel Overlook, habitación 237), rasgándote las ropas, escaleras arriba y abajo, helándote el alma hasta la escena final.

Baja entonces el telón (como una enorme catarata de sangre en caída libre) y sigues inmóvil, porque ni los aplausos te logran despertar de la terrible pesadilla.

Conozco bien la inmovilidad forzada, al menos cierto tipo de inmovilidad durante cierto tiempo. Un accidente de tráfico y otras somnolencias, la primera vértebra cervical hecha añicos, operado al filo del alambre de la vida o la muerte, dando paso a unos seis meses descansando horizontal en el lecho de casa, con una armadura de un material similar al plástico que mantenía mi cabeza y mi torso en la posición correcta. No sé, creo que fue bastante duro, pero parece mucho peor de lo que lo recuerdo. Al fin y a la postre, la familia se desvivía conmigo, me limpiaban y me daban ánimos y comida cada día. Los amigos, para completar la fiesta, me traían libros, cigarrillos rubios y algún Penthouse de regalo. Ya hace más de una década que no fumo y bastante más tiempo que no me excitan lo más mínimo las chicas de ese tipo de revistas, demasiado artificiales, con demasiado brillo y turgencias Photoshop, con pechos tan operados, benditos ellos, que no hacían otra cosa que recordarme a una enfermera rubia (o quizá fuera morena) que me cuidaba en el hospital, allí en el lecho de una habitación blanca y azul, tendido con un diapasón de pesas clavado en el cráneo y el ánimo por los suelos, hasta que venía ella y me lavaba y acicalaba entre sonrisas, agua tibia y unas pocas palabras amables. Son instantes de placer que no se olvidan. En momentos así, no piensa uno en levantarse. Sería un imperdonable error.

38

Via Crucis

Durante algunos años me sentí la víctima perfecta de los sábados por la noche: las mañanas de los domingos recorría todas las ciudades desiertas del universo con la garganta reseca, la cabeza pesada, el sol siempre en lo más alto y el cielo de un azul diáfano inaguantable. Me busqué un barman privado para que me agitase el cóctel del cerebro, para que me alejara de la soledad y de la sensación de fracaso, para que me acompañara a todas horas, hasta que me resultaba del todo punto imposible, literalmente, seguirle el ritmo y, entonces, lo dejaba partir con la esperanza de no necesitarlo nunca más.

Ahora todo es muy distinto. Hay bares, pubs, discotecas y clubs o similares abiertos a todas horas, las veinticuatro horas del día, los siete días de la semana. La muchedumbre se amontona en ellos, cuanta más mejor y en el menor espacio posible, para que así parezca imposible sentirse solos. Sin embargo, la gente sigue sin mirarse a los ojos.

Ya no entro nunca en esos maravillosos lugares. No tengo suficiente sed. O si la tengo, me aguanto. No quepo entre tantos fuegos cruzados. No necesito más mentiras ni deseo hacerle confidencias a nadie. Tampoco necesito ni una sola verdad más. Todas las viejas historias de mi vida ya las he contado muchas veces y si no las escuchaste, en su momento, no es culpa mía. No me interesan tus problemas y no quiero que te intereses por los míos. Lo que deseo no puedes entenderlo. Tengo ganas de amarte sin que te des cuenta: ser un hombre invisible abrazado a la mujer más admirable y hermosa de la fiesta, del baile, de la representación ancestral de la existencia.

39

El poema
(De entre los vivos y los muertos)

Me da no sé qué la gente que abusa de las limitaciones de la dialéctica para simplificar o encasillar a los demás. Ya somos bastante insignificantes como para que, encima, nos hagan de menos, aunque no sea de forma totalmente consciente. Nuestro talento es limitado, nuestra cultura es la que es y ya no juega a nuestro favor el paso del tiempo. Voy a seguir, pues, caminando mientras tenga fuerzas y, cuando me falten, buscaré un banco de madera o de piedra donde sentarme un rato a descansar y seguiré, por supuesto, con la mirada depositada en el horizonte. Hay una esquina allá a lo lejos, debo doblarla porque quiero saber con qué me encontraré después. A esta curiosidad le agradezco que me mantiene en vigilia.

Me da no sé qué la gente que no sabe que el universo entero está muy adentro de cada uno y que afuera no hay nada, salvo algunos seres de leyenda, vagando sin tierra propia, errantes, fantasmales, y unas cuantas abstracciones más sin sentido alguno (puro metalenguaje, obviamente) a las que no deberíamos hacer ningún caso: la ansiedad perenne de un viaje en círculos hacia la remota Ítaca, el sueño larvado del paraíso prometido, allá hacia el este, en Edén y la ubicua pesadilla sicológica del infierno de Dante, Milton o Hieronymus Bosch a través de la materia desordenada, promiscua y crepitante. Material psicofónico. Quizá sea hora de subirse al arca de Noé.

En su momento intenté hablar con los muertos y sus voces, que ya no son suyas, sino que son autónomas y perduran suspendidas cada una en su propio tiempo, me lo confirmaron. Estamos absolutamente solos, los muertos no están por ahí afuera, rondándonos, no están en parte alguna, y las voces suyas que oímos, de vez en cuando, son tan sólo un eco difuso de su existencia pasada. En la naturaleza nada se desecha, todo se recicla, se transforma, incluso las frases que se quedaron suspendidas en el aire, porque no encontraron un destinatario adecuado cuando fueron dichas y ahora somos nosotros quienes les debemos una respuesta. Por eso oímos todavía algunas voces.

Afuera no hay nada, creedme, salvo todo aquello que nos falta, lo que no alcanzamos ni alcanzaremos, lo que (por lo tanto) no existe para nosotros ni nos pertenece, aunque lo deseemos, lo que empieza arrasándonos como una terrorífica quimera, para luego acabar, con el paso del tiempo, revelándosenos como una cuestión del todo punto indiferente, irrelevante, baladí. Es así como la existencia se burla groseramente de nosotros y de la dialéctica que usamos para hacer como si pensásemos. Pensar es otra cosa, se parece más a nadar contracorriente que a jugar al billar con unas cuantas ideas encadenadas, se parece más a romper salvajemente el tapete verde de la existencia que a mezclarse entre flores y tahúres.

¿Aspiramos a la realidad normal o andamos a la búsqueda de una realidad superior? Sé que podemos alcanzarla con método y un poco de orden interno, además de con algunas dosis de fortuna. No importa si arriba, si abajo, si adentro o si afuera, buscamos algo real que se sostenga por sí mismo y que, además, nos sostenga a nosotros cuando haga falta. Suele hacernos falta, lo sabemos, lo sentimos. ¿Esa realidad superior tiene nombre propio? No diré una palaba sobre patrañas metafísicas más o menos solemnes, ni sobre universos herméticos, es decir, vagamente teológicos, masónicos, templarios o panteístas del tipo que fueren; al contrario, hablaré sólo de lo que, de verdad, nos es conocido: me refiero a la carne, a los huesos, a la maraña de las fibras y las terminaciones nerviosas donde retumban, primero, las sensaciones y, después, brotan los sentimientos. No me detendré ante la furia imaginaria de los dioses ausentes ni ante la zafiedad de una justicia, que debiera reinar entre nosotros; y no reina. No fingiré hablar de religión o política, porque lo más importante es la belleza terrenal y palpable, desesperadamente carnal y húmeda, de todo cuanto vamos deseando a lo largo de la vida.

Seguramente hemos amado bastante mal, de forma desordenada, compulsiva, tal vez egoísta, superficial y, en ocasiones, hasta excesiva. Además, nos hemos dejado olvidada, quizá voluntariamente silenciada, media vida en el tintero o, al revés, fuimos tan locuaces que nadie nos hizo demasiado caso y aquí estamos, departiendo a partes iguales con los vivos y los muertos. No obstante, ha sido hermoso dedicarse con esmero a la grafomanía de los cuerpos desnudos y al encaje violento de sus miembros palpitantes, igual que ha sido laborioso componer el extraño puzle de los sentimientos, vislumbrar su inevitable tendencia al fracaso y no demorarse en la sucesivas etapas de la agonía ni proclamar a los cuatro vientos las propias debilidades, tan comunes como vergonzosas; callar, callar profundamente por pudor, desde luego, por pudor y para no terminar convirtiéndonos en exhibicionistas de la pena y el llanto, como hacen muchos, famosos incluidos, en las redes sociales, hoy en día. El mal de amores es contagioso y puede que incurable, pero su publicidad es, además, tóxica.

No obstante, habrá que regresar a cierto tipo de amor, a la vez rabiosamente místico y gloriosamente carnal, habrá que revivir el amor y el silencio compartidos, el amor y la introspección como métodos posibles de algún tipo de conocimiento superior, que nos ayude a recuperar la gran parte de la humanidad descarriada en relaciones indignas, injustas o estériles, para rescatar el placer del dolor sin renunciar a ambos, para tratar de salvar una cosecha intelectual a la que estamos, humanamente, obligados y que, cada cierto tiempo, creemos echada a perder, arruinada, por completo. No es así, en absoluto. Nada es nunca para siempre; sólo el poema, desde allá donde se encuentre, ni arriba ni abajo ni afuera ni adentro, nos seguirá enviando su haz de todas las luces, su luz intimidatoria, su luz reveladora, su luz blanca salpicada de matices, su luz diseñada específicamente contra la oscuridad.

Contra la frialdad del féretro.

40

Esperando a Godot
(O a Mr. Marshall)

Hay muchas personas extranjeras recorriendo la calle Olmos como si hubiera algo que ver en la calle Olmos. Tengo mis dudas al respecto, más allá de los cinco olmos, sucesivamente talados y replantados, según las necesidades del tráfico urbano a lo largo de los años. La mayoría van en grupo, incluso diría que en manada, y no parecen, la verdad, muy peligrosos; son los que llamamos turistas, que hace ya más de cincuenta años (en su mayoría alemanes, británicos y nórdicos) tomaron, masivamente, la isla en busca de sol y playas, de comida mediterránea económica, de alcohol y química alquímicos para que la fiesta les dure hasta que les aguante el cuerpo. Cuando era un niño y sobre todo, más tarde, cuando ya era un adolescente, recuerdo que me llamaban la atención, con sus costumbres exóticas, sus mujeres deslumbrantes (recuerdo el sudor con sabor a mar de algunas) y su ocio con ese falso aire de libertad (el que sólo da el dinero y cierto tipo de educación, por supuesto) que tan poco común era por aquellos años en Mallorca, años 60 y sucesivos.

Repaso unos gráficos de una revista de economía, recién publicados, y constato que una abrumadora mayoría de habitantes de la isla viven, directa o indirectamente, del turismo. La gente no sólo nos visita en cantidades industriales, sino que también se compra viviendas y locales y hace negocios y se queda a vivir, durante largos periodos del año, en la isla. Somos, pues, territorio ocupado, como lo son todos los territorios donde las sucesivas invasiones han construido una civilización más o menos próspera, en un lugar con buen clima y mejores vistas. No se ocupa un infierno, se ocupa un paraíso hasta que, poco a poco, se convierte en un infierno. Estamos en ello. La verdad es que me gustan los turistas, aunque a veces me molesten. Detesto el espantoso ruido de las maletas rodando por sobre los ladrillos de la calle Olmos, pero tampoco voy a hacer de eso un drama. Algunos turistas hasta se integran en la vida mallorquina, aunque no sé muy bien lo que eso significa; nunca me he integrado en lugar alguno y, en cuanto a mi tierra de nacimiento, sólo hablo una de las dos lenguas que hablaban mis padres, la que me enseñaron en casa y, aunque entiendo la otra perfectamente, no se me ocurre utilizarla, porque prefiero hablar en la lengua que escribo. Hay cosas que no se eligen o se eligen tan temprano en la vida, que luego resulta imposible desandar el camino. No me gusta desandar caminos, si no es por voluntad propia.

Puede que tampoco me haya integrado demasiado en otras cosas, como la cultura, la literatura, el arte o la ilustre pompa habitual, tan repelente, de la sociedad mallorquina, sus ídolos y sus obsesiones, pero qué le voy a hacer si me repugnan los aspectos sectarios de casi todas las ideologías cuando abandonan la teoría y aterrizan en la práctica, qué le voy a hacer si tengo aversión a los comportamientos serviles y gregarios, si repudio las marrullerías de la política local, si detesto los nacionalismos étnicos, si no creo en nada mejor que vivir en paz con quien quiera, también, vivir en paz y me esfuerzo en no molestar a nadie que no quiera molestarme y en no ocuparme, lo más mínimo, de la vida de los demás, salvo si necesitan, llegado el caso, alguna ayuda que pueda, realmente, darles.

Pero no sólo hay extranjeros turistas en la calle Olmos; también hay carteristas extranjeros (aunque los nacionales no les andan a la zaga y también se dejan ver con suma frecuencia) que viven, como todo el mundo, del turismo, aunque sea por el dudoso método del descuido o el atraco a mano armada. Hace unos meses intentaron atracarme. Ya no quedan ladrones de guante blanco, ahora son torpes y violentos, llevan armas, pero tienen mucho menos cerebro del que creen tener. Me intentaron robar la bolsa en bandolera dos extranjeros no demasiado exóticos ni tampoco decididos, supongo que eso me salvó, porque cuando me di cuenta del peligro de la situación y tras pegar un manotazo al que tenía más a mano, el más pequeñajo, me puse a chillar a pleno pulmón «¡al ladrón, al ladrón!» y «¡policía, llamen a la policía, policía!» lo que, junto a algunos potentes improperios, que no viene al caso reproducir, consiguió alertar a los vecinos, que salieron a la calle e hicieron además de acudir en mi ayuda, mientras los facinerosos salían huyendo como si les persiguiera el mismísimo diablo. Nadie les persiguió, por supuesto.

De vez en cuando, mis compatriotas y vecinos sacan las pancartas y se echan a las calles (también a la calle Olmos) a gritar contra los abusos del negocio turístico, en especial contra la gentrificación provocada, a no dudarlo, por las desigualdades económicas, a protestar por los privilegios que los extranjeros con posibles tienen frente a la precariedad general de los extranjeros menos afortunados y, sobre todo, de los propios indígenas, que somos los que vivimos aquí y sostenemos y sufrimos, en primera persona, todo este lamentable tinglado, la falta estigmatizante de empleo, los tristes sueldos frente a la insoportable tendencia al alza de la compra diaria, la luz o el gas, los asombrosos precios de la vivienda, el alquiler de habitaciones, de sótanos malolientes, de balcones, por semanas, por días, quizá por horas a quien pueda pagar sus precios de locura, mientras la crisis económica de siempre nos va igualando por abajo, nos va convirtiendo a todos en personas preocupadas por el futuro de sus familias, en especial de sus hijos, por el futuro y también por el presente, por la terrible situación en la que malviven bastantes personas que no se lo merecen. Lo digo convencido. Conozco a algunas.

41

Ajuste de cuentas

No hay realmente demasiados escritores famosos, para el público en general, porque el oficio de escritor tiende al aislamiento y no suele trascender demasiado más allá del nicho de sus lectores. Recuerdo, eso sí, a Camilo José Cela recorriendo el Born como si fuera un emperador romano. O a Cristóbal Serra sonriéndome con cara de sueño y mis primeros poemas en sus manos. No obstante, tuve también la fortuna de conocer hace muchísimos años a una joven escritora, de mi misma generación (como gustaba de recordarme cada vez que nos poníamos en contacto, normalmente por carta y, posteriormente, por correo electrónico). Los tiempos cambian con rapidez nuestras costumbres.

Me la presentaron en Madrid en una feria multidisciplinar, o algo así, del libro, estuvimos hablando un buen rato y la verdad es que congeniamos la mar de bien, recorrimos juntos la ciudad, que apenas conocíamos, especialmente sus calles más oscuras y sus tabernas y, ya de noche, al despedirnos castamente, nos intercambiamos y dedicamos nuestros respectivos libros hasta la fecha. Eran pocos, porque ambos éramos autores noveles. Pasó el tiempo, rápido, como de costumbre, y nuestra relación quedó como en hibernación, a la espera de algún encuentro o de algún desencuentro más o menos inesperado. Nunca se sabe lo que el futuro nos va a deparar. Lo cierto es que ella acabó, poco a poco, convertida en una brillante escritora de culto, en una ensayista de corte feminista muy activa, con múltiples conexiones políticas y también culturales. Incluso sonó para ministra de Igualdad hace algunos años. La felicité, pero creo que no tocaba. Con todo, quiso el destino que, en uno de mis contados viajes por Europa, me la encontrara (no tan joven, pero sí tan guapa como antaño) en una librería de corte internacional (siempre los libros como punto de encuentro) y no se me ocurrió nada mejor o peor que pedirle que me presentara, un par de meses después, mi último poemario. Un artefacto le dije, porque sé que le gustaba el término, con poemas de corte filosófico y apuntes a pie de página escritos en prosa mayoritariamente poética; en fin, se trata de un libro complejo, le dije. Ante mi sorpresa aceptó, encantada, le pasé la versión manuscrita del artefacto y quedamos en vernos la fecha de la presentación, con posterior cena incluida, en un restaurante francés, como no podía ser de otra manera.

Nunca había visto tantas mujeres juntas (además de bastantes hombres revoloteando a su alrededor, por supuesto) como en la aciaga tarde noche de la presentación de mi libro. El público no cabía literalmente en el amplio local que una entidad bancaria nos cedió para la ocasión, pero el auténtico reclamo de tanta audiencia no era, por supuesto, mi presencia ni la de mi libro (editado por mí mismo de forma bastante desmañada) sino la suya, la posibilidad de saludarla, de oírla disertar, siempre sonriendo a diestro y a siniestro, cambiando de registro y hasta de idioma (a veces inclusivo, a veces no) con suma facilidad. Me pareció una mujer fascinante, en serio y, que hablara sobre mi libro, un honor del todo inmerecido.

¿Hablar sobre mi libro? Qué va. De mi libro nunca no se supo nada. La afamada escritora esquivó magníficamente su existencia y la utilizó como pretexto para explayarse a gusto y, de paso, acabar de ajustar las cuentas que, al parecer, debía tener conmigo y yo sin saberlo. Sin imaginarlo, siquiera. No le faltó tiempo, pues, para tomar la palabra y ponerse a hablar sobre mi persona, no como autor de ningún libro, sino convirtiéndome, para la ocasión, en un personaje más en la historia de su propia vida, de la suya, tan épica y notoria, para entusiasmo de sus muchas fans presentes en la sala. Recordó el glorioso momento en que nos conocimos. Un tío muy majo vestido con una larga y elegante gabardina color gabardina que pasaba por ahí con un par de libros bajo el brazo, dijo con una sonrisa encantadora. Nada menos. Sacó a relucir, mezclándolas sin demasiado orden ni concierto, muchísimas anécdotas (algunas las recordaba, otras no, algunas me parecían inverosímiles, otras, directamente, inventadas) de nuestro escasísimo pasado en común y de nuestra breve correspondencia epistolar o electrónica, que ni me detuve a sopesar, porque ya tenía bastante con no perder la compostura bajo la luz extraña de aquella curiosa visionaria. No entendí demasiado, esa es la verdad, de qué iba realmente todo aquello o a qué diablos obedecía, pero tampoco negaré que disfruté con algunas de sus revelaciones porque, como suele suceder siempre en estos casos, decían mucho más de ella que de mí y, desde luego, nada de mi modesto libro. *Los instantes del tiempo*, lo titulé, por si alguien quiere buscarlo. Debo guardar en algún lugar su discurso, porque tuvo la sangre fría de regalármelo al finalizar el acto. Lo buscaré un día de estos, pero no tengo ninguna prisa. No es mala cosa sustituir la disección profesional de un libro que, supongo, no debía de haber leído, por la historia de una vida como la suya de la que todos deberíamos aprender muchísimo. No lo dijo exactamente así, pero lo dijo, para demorarse, también, en las mujeres que me alejaron de la literatura o que me reconciliaron con ella (me arrepentí en ese mismo instante de haberle contado esa confidencia), para concluir la faena luciéndose de veras al denunciar, públicamente, el hecho (supongo que imperdonable, para quien no haya pasado, de vez en cuando, por profundas crisis económicas y hasta existenciales) de que, hacia finales de los años 80, es decir, poco después de habernos conocido, yo hubiera cometido la desconsideración de vender a una conocida librería de ocasión de la calle Olmos, los dos opúsculos y el librillo que, como ya he contado, tuvo a bien regalarme, generosamente dedicados de su puño y letra. No tengo ni la más remota idea de cómo pudo enterarse de algo así.

Me la quedé mirando, perplejo, pero no desairado, en absoluto, y le dije, medio aguantando la risa, que aún conservaba en un cajón las páginas con sus originales dedicatorias caligráficas, mientras sus ojos brillaban muchísimo y así, tras un par de suspiros más, daba por concluida la presentación de mi libro sin ni siquiera llegar a dedicarle un par de frases.

Una reveladora lección de cómo el personaje del escritor (o de la escritora, en este caso) es capaz de engullir al individuo y convertir su oficio de escritor en algo anecdótico e irrelevante. Otra voluntad de poder empeñada en la mundanal tarea de ir ascendiendo en el escalafón piramidal de las relaciones sociales. Pues buen viaje, querida.

Un poco después, ya en el triunfal y ajetreado turno de la firma de libros, tras saludar a algunas amistades e intentar calmar con la mirada a mi mujer (que parecía que no, pero se enteraba de todo), se me acercó otro insigne escritor, muy de moda entre los de la última hornada postmoderna, para felicitarme (y pienso que lo hizo sinceramente) porque las palabras de la célebre presentadora me habían convertido en un ser mítico (sic). Él no sabe ni sabrá nunca por qué, pero razón no le faltaba. Creedme. Lo sé seguro.

42

Ciberpunk - Filosofía o Ciencia / Ficción

En las barras más rojas y oscuras de los clubs nocturnos he sentido el calor ascendente en tus larguísimas piernas. He amado ese calor como quien escala, a través de la seda entrelazada de tus medias, hasta lo más alto de una torre altísima mientras le cae encima el aceite hirviendo de todas las generaciones vencidas en anteriores acometidas y, aun así, no me detengo un instante ni me inmuto, porque tú sigues allá arriba, en el balcón con vistas al paraíso y me alargas el brazo y la mano y tu piel y mi piel se deshacen la una en la otra, curtidas ambas, hechas trizas enamoradas en mil millones de encuentros, donde lo último que pudimos ver fue el resplandor tomando cuerpo en nosotros antes de que bajase el telón de la realidad, se cerrasen, finalmente, nuestros ojos y diéramos paso a otro escenario desconocido hasta hace relativamente poco, el de los sueños que todavía nos quedan. No son muchos, pero en ellos podemos ser lo que nos da la gana. O intentarlo, al menos.

Tenemos hambre atrasada, pese a ser seres, en buena parte, biónicos. Mi pierna de titanio, por ejemplo, me permite saltar hasta los lugares más inverosímiles. Mi ojo láser ve a través de las paredes; en realidad, también ve a través de tu ropa, pero no es por eso que te miro tanto y con tanto detenimiento. No puedo ocultarte que el titanio de mi pierna empieza a degradarse y ya sabes que no puedo permitirme el lujo de pasar una revisión a fondo. La necesita, ya oigo cómo cruje, se romperá muy pronto. Y las lentes de mi ojo láser empiezan a estar cubiertas de gruesas escamas, que se quebrarán muy pronto también; y entonces, más que un hombre biónico, capaz de brincar y de ver maravillas a distancia, seré un mendigo mutilado, cojo y casi ciego arrastrándome por las callejuelas de la vida. No sé si dejarás, entonces, de amarme, dices que no, pero quién sabe. Tampoco te lo echaría en cara.

Vamos a ir de viaje a la luna. No sé a cuál, todavía. A la luna nuestra de aquí cerca o a la luna más exótica que podamos pagarnos. En cualquier caso, seguro que pillamos alguna buena oferta, más pronto que tarde. Podremos pasear por sus anillos de ceniza, de niebla, de hielo azucarado, volar entre sus lagos de lava y sus colmenas frías de basalto, quizá hacer el muerto los dos juntos, extendidos y cogidos de la mano y descansar así, como si fuéramos el hombre y la mujer de Vitruvio, mirando hacia arriba, hacia el cielo, impenetrablemente oscuro, del espacio exterior.

Luego, ya de vuelta, usaremos con cuidado las cartillas de racionamiento, las píldoras del subsidio, las recetas falsificadas y aprovecharemos al máximo la tarifa plana en las cámaras de desintoxicación. Vivir en estos tiempos no es fácil, pero es mejor integrarse en el sistema y sobrevivir de cualquier manera, que ir a dar con nuestros huesos a uno de esos terribles y legendarios Gulags, que nadie sabe cómo son ni dónde están, porque nadie ha vuelto jamás de ellos. La muerte, le llaman, al más popular y temido de todos.

Epílogo

El final no siempre está en el futuro. Muchas cosas terminan antes y otras no terminan nunca. De nuevo, estoy intentando acabar este libro. Nunca consigo hacerlo y, de hecho, tampoco esta vez voy a conseguirlo. Así es la vida. La obra en marcha siempre puede ser mejorada, completada, corregida y puesta continuamente al día. Esa locura obsesiva, esa compulsión a la que uno dedica todo su tiempo no tiene fin, rompe los esquemas temporales, hace añicos ese alfa y omega metafóricos con los que empecé la trama de este libro. Conviene (pura conveniencia) empezar los libros por el principio.

¿Pero qué son los libros, sino proyectos artificiales siempre dispuestos (en realidad, sumamente predispuestos) a que un nuevo lector (o uno viejo, no hay ningún problema con eso) los relea, los haga mejores o peores, los reescriba, los plagie, los prenda fuego por malditos o los arrincone, incluso, en el desván polvoriento de los juguetes rotos? Todo va a parar, hasta las cenizas, a ese desván polvoriento, pero ese lugar no es el final definitivo o no tiene por qué serlo. Para nada. En absoluto.

No me lo acabo de inventar. Lo sé desde hace tiempo y lo intuyo desde hace mucho más. Ya lo escribí en estas páginas. Existe un túnel de viento que atraviesa el desierto sin abandonarlo jamás. En ese túnel milagroso todos los vasos comunicantes, todos los puentes colgantes, todos los jardines de Epicuro, todos los olmos de mi calle, todos los atajos del conocimiento, todas la digresiones posibles sobre el oficio de escritor y todos los desvanes polvorientos repletos de juguetes rotos recobran, simultáneamente, la vida.

Eso significa que se ponen, otra vez, en camino, porque saben que siempre queda mucho por hacer y que no es posible ni digno dejar las cosas a medias, que la odisea de la existencia, aunque agobiados por las quimeras de nuestros recuerdos y las limitaciones de nuestras fuerzas, es también el de nuestra propia obra en marcha exigiéndonos, una vez y otra, volver sobre lo hecho, revisitar el tiempo pasado, para enfrentarnos a nuestras carencias, para escuchar las voces suspendidas en el aire de los vivos y los muertos, para atender a la obligación de regresar del tiempo futuro hasta este mismo instante del tiempo presente. No es ningún juego de palabras o quizá sí, pero es gracias a los tiempos verbales que podemos expresarlo. Nunca existió ni existirá otro tiempo que el tiempo en marcha.

Terminado en Olmos, Palma, diciembre, 2024

ESTE LIBRO SE TERMINÓ
DE IMPRIMIR EN EL MES
DE SEPTIEMBRE
DE 2025